민법총칙의 구조를 중심으로 한 민법에의 수월한 접근

민법사용설명서

A Guide to the Civil Law

정성헌

박영사

머리말

민법은 1400개가 넘는 법률(명령까지도 포함하면 4000개 이상) 중 1000개가 넘는 법조문으로 구성되어 있는 우리나라에서 가장 긴 법이다. 그 속에 포함되어 있는 내용도 많지만, 그 많은 내용을 최대한 효율적으로 규율하기 위해 마련된 체계는 매우 복잡하여 민법에 대한 이해를 막는다. 시중에는 이러한 민법을 해설하는 책들이 많이 나와 있다. 1000페이지를 훌쩍 넘는 두꺼운 책들이 대부분이지만, 이 분량도 부족할지도 모른다. 법률전문가들만이 민법을 알아야 한다면 말이다.

하지만 민법은 살아가면서 반드시 알아야 할 기본법으로, 변호사 등 법률전문가만이 알아야 될 내용이 아니다. 특히 그동안의 연구와 교육 경험은 이런 생각을 더욱 더 강하게 만드는 것이었다. 법률전문가가 아닌 일반인으로서는 민법을 다 알 필요는 없다. 우리의 삶과 밀접하게 관련되어 있는 민법에 대한 최소한의 지식과 이를 통해 필요시 민법을, 더 나아가 필요한 관련법을 어떻게 활용할 수 있는지를 알아두면 족할 수 있다.

그래서 민법을 최소한으로, 그럼에도 필요에 따라서는 이를 확장해 나갈 수 있는 안내자가 필요하리라 생각했다. 민법 자체에 대한 상세한 설명보다는 가장 기본적인 내용을 담아 민법을 중심으로 우리의 법제도를 어떻게 활용할 수 있는지를 알려주고 싶었다.

때문에

1. 이 책은 민법의 전부를 다루지는 않는다. 부족한 부분은 시중의 다른 책들을 참조하면 될 것이다. 최근에는 이마저도 불필요하게 되었다. 바로 인터넷 때문이다. 특히 법과 관련된 내용은, 이래도 되나 싶을 정도로 대부분을 인터넷에서 확인할 수 있다. 실제로 이 책을 쓰면서 다른 책들은, 그 책들이 저자에게 매우 큰 가르침을 주었던 적이 있음에도, 거의 참고하지 않았다. 인터넷창만을 열어두고 필요한 정보를 그때그때 찾아가면서 썼다. 참고로 저자는 대학에서 강의를 할 때도 학생들에게 책을 살 것을 권하지 않는다. 오로지 법전만을 가까이 두고 이를 활용할 수 있도록 평소에 연습하라고 한다. 물론 그것이 쉽지 않기에 때때로 안내자는 필요하다.

2. 여기서 말하는 민법은 단순히 민법전을 의미하지는 않는다. 민법전은 민법의 가장 핵심적인 부분이지만, 이후 사회의 변동에 따라 수없이 많은 특별법들이 마련되어 이를 함께 보아야 한다. 앞으로 그 숫자는 계속 늘어날 것이고, 민법전만을 보는 것은 시험대비가 아닌 한 매우 불완전한 것이 된다. 그렇다고 해서 수많은 법으로 구성되고 있는 민법의 모든 내용을 다 알 수는 없고, 또한 그럴 필요도 없다.

3. 그 기본이 될 최소한의 지식을 이 책에서는 민법총칙의 구조 속에서 녹여냈다. 민법총칙은 우리법의 구조상 민법에서도 가장 기본적인 내용을 담고 있다. 그래서인지 이 부분에 대한 학습이 강조되고, 나아가 독립된 시험과목으로 채택되기도 한다. 물론 민법의 다른 부분과의 연계없이 총칙만으로 온전한 이해는 불가능하다. 그래서 총칙 이외의 다른 민법전의 내용을, 다른 관련법률들의 내용과 함께 총칙의 구조 속에 담아내려고 했다. 총칙의 구조는 크게 사람과 물건과 행위로 대별할 수 있고, 그 외에도 시간과 권리의 소멸이 포함된다. 그 내용이 이 책의 중심인 Chapter Ⅱ를 구성한다(다만 설명의 편의상 행위의 방식인 대리는 사람과 함께 설명했다). Chapter Ⅱ 앞뒤로 민법을 이해하는 데 기초가 되는 사항을 정리한 Chapter Ⅰ과 민법을 공부하는 제일 중요한 이유일 수 있는 민사책임론을 Chapter Ⅲ로 덧붙였다. 특히 Chapter Ⅲ을 통해 이 책을 기획했을 때 필요하다고 생각했던 내용들을 전부 다룰 수 있었다.

4. 그 수로는 민법을 구성하는 법이 제일 많다고는 하나, 다른 영역의 법도 존재한다. 그 영역들은 민법과는 사뭇 다른 규율태도를 보이고 있어, 이들은 서로 구별되어야 한다. 그러나 민법이 다른 영역의 법들로부터 고립되어 있으면, 이는 민법 자체의 이해에도 도움이 되지 않는다. 그래서 민법을 다루면서도 이해에 도움이 되는 한 다른 영역의 법들, 특히 형사법을 함께 설명하였다. 다만 민법을 전공한 저자로서는 그 이해가 부족하여 충분하지는 않았으리라 생각된다.

5. 책에는 민법전의 구조를 설명하기 위한 부분이 다수 포함되어 있다. 이 책을 포함하여 어떠한 자료를 보건 관련 법조문을 찾아보고 체계 속에서의 위치를 파악해 두는 것은 민법을 이해하는데 매우 큰 도움이 된다. 어쨌거나 민법전이 가장 중심이고 그 구조를 이해하는 것은 곧 민법의 사용법을 알게 되는 것이다.

* * *

저자는 이 책에 앞서 이미 두 권의 책을 출간한 바 있다. '금전거래와 법'과 '부동산거래와 법'이 그것인데, 애초에 저자의 강의를 듣는 학생들을 위한 수업교재로써 집필되었다. 수업교재의 성격상 필요한 내용만을 선별하여 작성하였고, 그 내용을 이해하기 위해 필요한, 예컨대 예시와 같은 것은 강의를 통해 충분히 보완할 수 있으리라 생각했다.

그런데, 그런 내 의도와는 상관없이 책은 내 강의가 이루어지지 않는 곳에서도 활용되었다. 감사하지만 당황스러운 부분이었다. 책이 출간되는 것이 어떤 의미를 가지는지 몰랐던 미숙함 탓도 있다. 그래서 보다 활용가치가 높은 새로운 책을 써야겠다는 생각을 하게 되었다.

이에 따라

1. 이 책은 종전의 책과도 그 내용이 겹친다. 종전의 책들도 접근방식을 달리할 뿐 결국 민법을 대상으로 했기 때문이다. 하지만 이 책은 종전의 책들의 개정판은 아니다. 종전의 책들은 앞으로도 전공강의의 강의교재로서 활용될 예정이다. 보다 일반적으로는 이 책이 더 유용할 것이다. 그런 의도로 쓴 책이다.

2. 이 책은 어느 정도의 반복적인 학습을 필요로 하는 학습서로 기획되었다. 학습서로 기획되었지만 강의 없이도 완전히 이해 가능한 친절한 교양서처럼 읽힐 수 있게 쓰려고 했는데, 그 목적은 달성되지 못했다. 친절한 교양서는 이미 세상에 많이 존재하니 이 책은 학습서로서의 기능을 충실히 하게끔 정리하기로 했고, 그렇게 또 익숙했던 방식을 고수하게 되었다. 그만큼 최대한 간략하게, 그럼에도 필요한 내용을 빠짐없이 쓰는 것에 집중하였다. 그리고 결국 이것이 저자가 가장 잘할 수 있는 방식이었다고 생각한다.

3. 책은 그 자체로서 완결되도록 하고 싶었지만, 이 책을 쓸 때는 강의를 염두에 두었다. 사실 우리나라에서 법에 대한 교육은 온전히 대학에서 전공으로만 이루어지고 있다. 하지만 법은 더 이상 전문지식으로써만이 아니라 우리 모두의 최소한의 교양으로서 다루어져야 한다. 이를 위해 책 자체만으로 충분한 역할을 하면 좋겠지만, 누군가는 강의가 필요할 수도 있을 것이다. 책의 구성도 강의하는 호흡에 따랐다. 전체가 체계적으로 얽혀있는 민법이기에 쉽지는 않았지만 각 주제가 짧고 독립되게 다루어질 수 있도록 신경을 썼다. 이로 인해 전체적인 줄거리를 담당하는 왼쪽면과 필요한 관련 내용으로 구성한 오른쪽면으로 한눈에 들어오게끔 구성을 했는데, 이 점을 너무 고집하다 보니, 판형에 맞춰 글자 크기를 줄일 수밖에 없었다. 사용설명서 혹은 매뉴얼이니까, 속도감있게 죽 읽어가는 소설이 아니니까, 그래서 필요한 부분만 찾아보면 될 테니까, 그런 핑계를 대며 책을 편집했다. 각주가 많은 것도 마찬가지의 이유에서이다. 어떻든 작은 글자로 인해 불편함을 느낄 분들께는 죄송한 마음뿐이다.

4. 강의를 염두에 두고 쓰긴 했으나, 강의에 대한 어떤 것도 아직 준비되지 않았다. 코로나 기간 동안 해왔던 대로 강의하는 영상을 찍어 어떠한 편집도 없이 인터넷에 올리는 것이 지금으로서는 가능한 유일한 방식일 것이다. 다른 가능성도 있을 거라 생각하기에 여기에 무책임한 결론을 박제하지는 않겠다. 다만 한 주제당 10분 내외로 짧게 제작하려고 한다. 재미있는 영상이 아닐 것이므로 그 이상의 길이가 된다면 보기에도 고역일 것이다. 언제가 될지 모르지만 가까운 시일 내에 반드시 강의로 찾아뵙겠다. 아무쪼록 성원을 부탁드린다.

＊ ＊ ＊

책을 쓰는 과정은 매순간 부족함을 깨닫는 과정이었다. 괜한 일을 시작했다고 후회도 많이 했다. 최선을 다했지만, 그렇게 나온 이 책 역시 매우 부족할 것이고, 심지어는 잘못된 부분도 많을 것이다. 그럼에도 최소한의 내용을 민법총칙의 구조로 엮어 만들어 낸 이 '사용설명서'를 잘 활용해 주길 바란다. 끊임없이 찾아 보충하고, 잘못된 부분은 수정해 나가면서 자신만의 '민법사용설명서'를 완성해 나간다면, 법을 조금이라도 더 잘 알 수 있게 될 것이고, 그렇게 우리가 사는 사회를 좀 더 잘 살아나갈 수 있을 것이다. 저자 역시 그런 마음으로 이 책을 계속 개선시켜 나가볼 요량이다.

2024년 9월
저자

이 책에서 인용된 법률들

가등기 담보 등에 관한 법률

가족관계의 등록 등에 관한 법률

개인정보 보호법

검찰청법

공익법인의 설립운영에 관한 법률

공인중개사법

공장 및 광업재단 저당법

공직선거법

공탁법

국가공무원법

국가배상법

국가유산기본법

국제사법

근로기준법

기간제 및 단시간근로자 보호 등에 관한 법률

기업구조조정촉진법

노인복지법

대한민국헌법

도로교통법

독점규제 및 공정거래에 관한 법률

동산·채권 등의 담보에 관한 법률

민법

민법제312조의2단서의시행에관한규정

민사소송법

민사조정법

민사집행법

법원조직법

변호사법

보증인 보호를 위한 특별법

부동산 실권리자명의 등기에 관한 법률

부동산등기법

사립학교법

상법

소년법

소액사건심판법

수표법

신탁법

신행정수도의 건설을 위한 특별조치법

아동복지법

약관의 규제에 관한 법률

어음법

유실물법

자동차손해배상 보장법

장기 등 이식에 관한 법률

저작권법

전기통신기본법

전자상거래 등에서의 소비자보호에 관한 법률

제조물 책임법

주민등록법

주택임대차보호법

중대재해 처벌 등에 관한 법률

즉결심판에 관한 절차법

집합건물의 소유 및 관리에 관한 법률

채무자 회생 및 파산에 관한 법률

청소년보호법

하도급거래 공정화에 관한 법률

학원의 설립·운영 및 과외교습에 관한 법률

행정기본법

행정소송법

행정심판법

헌법재판소법

형법

형사소송법

환경오염피해 배상책임 및 구제에 관한 법률

* 대한민국헌법은 헌법으로 표기

* 헌법, 민법, 형법의 조문 인용 시 따옴표("")하지 않음

* 명령은 제외

* 단순한 예시로서 인용된 경우도 있음을 주의

목차

머리말 ··· 3

이 책에서 인용된 법률들 ··· 6

CHAPTER I   민법이란 무엇인가?

1001	법은 곧 권리입니다	권리의 종류	12
1002	사권은 민법에서 다뤄요	우리 민법전의 특징	14
1003	법률 말고 명령도 있습니다	법의 체계와 효력	16
1004	사람과 사람 사이에도 공적 관계가 문제될 수 있어요	법의 분류	18
1005	관습법도 있답니다	관습법의 문제점	20
1006	법원의 판결은 법이 아닙니다만	법의 해석	22
1007	싸울 때도 합법적으로	민사소송 vs 형사소송	24
1008	정식소송만 있는 건 아니에요	대체적 분쟁해결제도(ADR)	26
1009	권리의 실현도 국가를 통해서만 하세요	민사집행법	28
<좀 더 알아봅시다 1: 법률정보조사>			30

CHAPTER II   사람과 물건과 행위와 법

2001	뭐든 적당히 상식적으로	신의성실과 법의 3대 이념	34
2101	법의 세상에서는 오직 사람만이 주체입니다	새로운 권리의 주체들	36
2102	의미를 이해할 수 있어야 완전한 주체가 될 수 있어요	사람의 고의와 과실	38
2103	행위를 하기 위해서는 또 다른 능력이 필요합니다	사람의 나이	40
2104	때때로 능력이 제한되기도 해요	제한능력제도와 후견	42
2105	살아있는데 법적으로는 죽기도 합니다	사람의 주소	44
2106	나를 대신해 줄 사람이 있습니다	법정대리	46
2107	대리권 없이 대리하면 효력이 없습니다만	권한부여(표시)의 위험성	48

2201	물건은 권리의 객체입니다	물건이아닌권리의객체	50
2202	세상의 물건은 부동산이거나 아니거나	물건의 독립성과 단일성	52
2203	대체가능하거나 그렇지 않거나	특정물과 선관의무	54
2204	금전은 물건일까요?	금전의 점유에 있어서의 특수성	56
2205	물건끼리도 관계가 있습니다	권리의 관계	58
2301	변화는 행위로부터	권리(법률관계)를 변동시키는 것들	60
2302	권리에 따라 행위도 달라집니다	물권과 채권	62
<좀 더 알아봅시다 2: 경매를 통해 살펴보는 물권 vs 채권>			64
2303	계약은 둘이서 합의한 대로	계약의 종류	66
2304	계약서는 꼭 써야 하나요?	표준계약서와 약관	68
2305	계약은 당사자끼리만 의미가 있지만 법과도 같아요	수인의 당사자와 당사자의 변경	70
2306	계약은 'Give and Take'	계약과 담보	72
2307	이행은 전혀 별개의 문제입니다	물권행위의 비독자성과 유인성	74
2308	물권의 변동에는 공시의 변경이 필요합니다	등기	76
2309	등기부는 부동산마다 하나씩	등기부 등본	78
2310	등기를 믿어봐야 아무 소용 없어요	무권리자의 처분행위와 공신의 원칙	80
2311	돈은 제대로 주고 제대로 받읍시다	계약금	82
<좀 더 알아봅시다 3: 법정권리에는 뭔가 특별한 것이 있다>			84
2312	행위시에도 갖출 건 갖춥시다	법률행위의 요건	86
2313	이런 내용의 법률행위는 안됩니다	법률행위의 자유에 대한 법의 개입방식	88
2314	법률행위의 핵심은 의사표시	의사표시의 효력발생	90
2315	애매한 내용은 명확하게	법률행위의 내용을 형성하는 것들	92
2316	내가 원하지 않은 행위를 했다면	진의와 동기	94
2317	일부러 다른 행위를 한 경우도 상대가 알았다면	행위 혹은 표시의 중요성	96
2318	착각했다고 행위를 무를 수 있을까요?	동기의 착오	98
2319	사기나 협박을 당한 거라면 그 행위는 부정되어야겠죠	사기와 착오	100
2320	효력이 없는 것과 취소할 수 있는 것은 다르지만 같아요	무효와 부당이득	102

2321	행위의 효력발생도 내 마음대로 조정할 수 있습니다	이행기와 기한의 이익	104
2401	시간계산법도 민법에서 정하고 있어요	다른 법에서의 시간계산	106
2501	권리를 한동안 행사하지 않으면 없어질 수도 있습니다	시간의 경과에 따른 법적 효과	108
<좀 더 알아봅시다 4: 민법의 3대 원칙과 그 수정>			110

CHAPTER III   민사책임론

3101	해야할 걸 안하면 안됩니다	채무불이행과 위법성	114
3102	할거면 제때 해야죠	지체의 판단	116
3103	못하게 되면 어쩔 수 없는 건가요	불능의 판단	118
3104	이행하긴 했습니다만 문제가 생겼습니다	채무불이행의 새로운 형태와 유형론	120
3105	계약이라면 묻지도 따지지도 않고 돈값만큼은	담보책임과 채무불이행	122
3106	얼마면 돼?	손해배상액의 예정과 위약금	124
3107	주고 싶은데 상대가 안 받겠다는데요	채권자지체와 채무불이행	126
3108	상대가 가진 게 없으면 어떡하죠?	채권자대위권의 전용	128
<좀 더 알아봅시다 5: 회생과 파산>			130
3201	잘못했으면 책임져야죠	불법행위의 종류	132
3202	위법한 게 뭔가요?	권리의 충돌과 위법성	134
3203	잘못이 없어도 책임을 져야 할 수 있습니다	불법행위에서의 증명책임의 완화	136
3204	실제 피해보다 더 많은 손해의 배상도 가능해요	징벌적 손해배상의 문제점	138
3205	함께 책임지는 경우도 있습니다	부진정연대채무	140
<좀 더 알아봅시다 6: 양대 책임체계론과 제3의 책임영역>			142

민법 법조문 지도 ··· 145
색인 ··· 146

CHAPTER I   민법이란 무엇인가?

민법은 현재 우리나라의 법 중 가장 조문이 많고 그 내용 또한 방대하여 한마디로 정의하기가
쉽지 않다. 결국 민법은 전체 법질서 속에서의 민법의 지위와 역할을 파악함으로써 알 수 있다.
이를 통해 다른 법과 전체 법질서의 핵심적인 내용에 대해서도 개관할 수 있다.

1001 법은 곧 권리입니다

흔히 무인도에 홀로 사는 로빈슨 크루소에게는 법이 필요없다고 한다. 법이란 사람과 사람이 사회를 이루고 그 사회가 보다 평화롭게 유지될 수 있기 위해 필요하다. 따라서 법은 기본적으로는 사람과 사람 사이의 관계에 대한 것이다.[1] 법이 그 기준이 되므로 이를 **법률관계**라고도 한다.

사람과 사람에 관한 것인 한, 모든 것이 법률에 의한다고 해도 좋을 것이지만, 그렇지 않은 경우도 있다. '법은 도덕의 최소한'이라는 케케묵은 표현에서도 알 수 있듯이 법에 의해서 규율되는 것은 사회를 유지하는 데 필요한 한도 내에 있다. 법의 규율을 받을지 여부가 오로지 당사자의 의사로 결정될 문제는 아니지만, 법적 구속의사가 부정되는 경우가 있는데, 대표적으로 **호의관계**가 그렇다. 이에 해당하면 원칙적으로 법의 규율은 받지 않는데, 결국 이는 법에 의한 강제가 이루어지지 않는다는 것을 의미한다.[2]

이는 결국 그 존재이유이기도 한 사람이 어떤 것을 누리며(**권리**),[3] 어떤 것을 하여야 하는지(**의무**)로 설명되므로 법률관계를 **권리의무관계**라고도 한다.[4]

---

1 물론, 법에서는 사람과 사물에 대해서도 관계가 인정되지만, 법의 영역에서는 결국 이는 사람과 사람 간의 문제로 치환되게 된다. 예컨대 건물이 내 것이라는 것은 사람과 사물의 관계지만, 누군가 그 사물을 침해하게 되면서 법은 표면에 드러나는데, 이 경우 건물의 주인인 나와 이를 침해한 상대방과의 관계가 문제되는 것이다.
2 친구끼리 밥 한번 먹자고 한 것이 법의 규율을 받아서 밥을 먹지 않은 것에 대한 제재가 따른다면 과하지 않겠는가?
3 '권리'란 무엇인지에 대해서도 의사설, 이익설 등 다양한 논의가 존재한다. 어떤 입장에 의하건 법적인 의미에서 권리라고 할 때는 법을 통한 강제가 가능하다는 것을 뜻한다. 권리는 그 영역에 따라 인권 혹은 기본권이라고 지칭되기도 한다. 특히 국가의 전체질서를 규정하는 헌법에서는 기본권이라는 이름 하에 중요한 권리를 명시하고 이들 권리의 내용과 한계를 정하고 있다.
4 특히 사람과 사람 사이에서의 권리와 의무는 대개 '동전의 양면'처럼 서로 대칭적으로 존재한다. 예를 들어 건물을 사고파는 관계에서 누군가가 건물의 소유권을 넘겨달라고 할 권리를 가진다면, 상대방은 해당건물의 소유권을 넘겨줘야 할 의무를 가지게 된다. 권리와 의무가 서로 대칭적으로 존재하는 경우는, 양자를 모두 설명하기보다는 둘 중 어느 하나를 중심으로 설명하는 것이 보통이다.

권리의 종류

권리는 공적이냐 사적이냐에 따라 **공권**과 **사권**으로 나눌 수 있다. 공권은 국가의 권리거나 아니면 국가에 대한 권리를 지칭하는데, 법이 의미를 갖는 가장 기본적인 틀인 사람과 사람사이의 관계를 생각한다면, 현대 사회에서는 사람과 사람 사이의 권리인 사권의 중요성이 나날이 커지고 있다.[5] 사권은 그 내용이 무엇이냐에 따라 **인격권**, **재산권**, **신분권** 등으로 나누고, 어떻게 작용하는지에 따라 **지배권**, **청구권**, **항변권**, **형성권** 등으로 나누기도 한다.[6] 관점에 따라 나뉘는 것이므로 하나의 권리가 여러 성격을 지니는 것은 당연한 것이다.[7]

사람이 살아가는데 중요한 권리들 중, 특히 **소유권**은 자본주의를 토대로 하는 현대 사회에서의 근간이 된다. 재산적인 영역뿐만 아니라 개인의 모든 자유도 이를 바탕으로 하지 않고서는 성립될 수 없을 것이다. 따라서, 소유권을 보호하는 것이 현대 법질서에서 제일 중요한 요소 중 하나이고,[8] 민법에서는 이러한 내용의 **소유권 절대의 원칙**을 3대 원칙 중 하나로 삼고 있다.[9] 민법에서는 소유권은 소유물을 사용, 수익, 처분할 수 있는 권리로 정의하고 있는데(제211조), 쉽게 말하면 어떤 물건에 대해 '내 것'이라고 할 수 있는 경우로 어떻게 사용하건 심지어는 처분하는 것도 권리자의 자유이다.

---

5 헌법에서 '기본권'이라는 이름으로 규정한 권리들은 주로 국가에 대한 권리로서의 성격을 바탕으로 편성되어 있는데, 그 내용에 따라 '자유권', '평등권', '사회권', '참정권', '청구권' 등으로 나눈다. 그러나 현대국가에서는 이러한 기본권이 국가와의 관계에서만이 아니라 개인 간에도 문제될 수 있음이 강조되고 있다.
6 대상에 대해 직접적으로 지배하는 '지배권', 상대에게 청구하여야 하는 '청구권'이 기본적인 권리가 작용하는 모습이고, 이 외에도 상대방의 권리행사를 저지할 수 있는 '항변권', 일방적 의사표시에 의해 법률관계를 변경할 수 있는 '형성권'이 있다.
7 예컨대, 가장 대표적인 권리 중 하나인 소유권은 내용상 재산권이자, 그 작용하는 바에 따라 지배권이다.
8 그래서 우리법 전체 질서에서도 개인의 소유권을 보호하는 것을 매우 중시하고 있는데, 국가 전체 법질서에 대한 헌법에서도 그 내용을 확인할 수 있다(대표적으로 헌법 제13조 제2항, 제23조, 나아가 제9장 참조).
9 소유권과는 달리 상대에게 청구함으로써 행사할 수 있는 권리들은 '채권'이라고 하고, 소유권을 포함하여 소유권과 마찬가지로 직접 지배를 내용으로 하는 권리들인 '물권'과 구별하는데, 이것이 우리 민법의 가장 중요한 틀을 형성한다. 이들 두 권리에 어업권, 광업권, 지식재산권 등이 더해져 재산권을 구성한다(지식재산권 중 특히 저작권은 인격권의 성격을 동시에 가지기도 한다). 특히 새롭게 더해진 권리들은 대상을 지배한다는 측면에서 소유권과 같은 물권과 매우 유사하지만, 물권의 대상은 물건에 한정되므로 별도의 권리로 분류되고 있다. 어업권, 광업권 등은 물권에 준하여 취급된다는 의미에서 '준(quasi)물권'이라고 칭해지기도 한다.

1002 사권은 민법에서 다뤄요

사권에 관한 한 기본적으로 "민법"에서 이를 규율한다. 민법의 핵심이 되는 **민법전**이 제1편 총칙, 제2편 물권, 제3편 채권, 제4편 친족, 제5편 상속으로 구성되어 있고, 특히 재산권인 물권과 채권에 대해서는 '재산법'이라고 칭하기도 하지만,[1] 민법은 인격권 역시 그 대상으로 하고 있다. 인격권의 보호는 명시적인 규정이 없음에도 이루어져 왔고,[2] 최근에는 인격권을 민법에 명시하려는 개정안이 반복적으로 국회에 제출되고 있다.[3]

민법은 단순히 민법전을 의미하기도 하지만, 민법 말고도 사권과 관련된 법을 포함하는 개념으로 사용되기도 한다.[4] 민법전은 오래 전에 만들어졌는데, 사회가 변화함에 따라 민법 자체를 개정하기도 했지만, 다른 법률을 만들기도 했다. 따라서 현실에서의 문제에 대해 단순히 민법만 적용되는 것이 아니라 다른 법도 동시에 문제되기도 하므로 관련되는 법률 전부와 이들 간의 관계를 알아야 제대로 아는 것이라 할 수 있겠다. 예를 들어, 집을 돈을 주고 빌리는 것을 '임대차'라고 하는데, 이에 대한 기본적인 내용은 민법전에 규정되어 있다. 그런데 우리에게는 "주택임대차보호법"이라는 별도의 법이 존재한다. 이러한 법이 만들어진 것은 민법전의 내용만으로는 임대차의 문제를 제대로 규율하지 못한다고 보았기 때문인데, 특히 주택은 사람의 주거에서 필수적인 사항이고, 집이 없는 사람들의 주거 역시 보호받아야 했기 때문에 그런 사람들을 보호하기 위해 별도로 **특별법**을 만든 것이다.[5] 이런 특별법전은 **일반법**인 민법전보다 우선적용된다(**특별법 우선의 원칙**).[6]

---

1 친족과 상속에 대한 부분은 '가족법'이라고 한다.
2 헌법 제10조에서는 '모든 국민은 인간으로서의 존엄과 가치를 가지며, 행복을 추구할 권리를 가진다. 국가는 개인이 가지는 불가침의 기본적 인권을 확인하고 이를 보장할 의무를 진다.'고 하는데, 이를 인격권의 근거로 보는 것이 일반적이다. 대법원 1996. 4. 12. 선고 93다40614, 40621 판결에서는 '인격권은 그 성질상 일단 침해된 후의 구제수단(금전배상이나 명예회복 처분 등)만으로는 그 피해의 완전한 회복이 어렵고 손해전보의 실효성을 기대하기 어려우므로 사전(예방적) 구제수단으로 침해행위 정지, 방지 등의 금지청구권도 인정된다.'고 판시한 바 있고, 민법전에서는 타인의 신체, 자유 또는 명예를 해하거나 기타 정신상고통을 가한 자는 재산 이외의 손해에 대하여도 배상할 책임이 있다고 규정하고 있다(제751조).
3 예컨대, 2022년 민법 개정안 제3조의2(인격권) ① 사람은 생명, 신체, 건강, 자유, 명예, 사생활, 성명, 초상, 개인정보, 그 밖의 인격적 이익에 대한 권리를 가진다. ② 사람은 그 인격권을 침해한 자에 대하여 침해를 배제하고 침해된 이익을 회복하는 데 적당한 조치를 할 것을 청구할 수 있고, 침해할 염려가 있는 행위를 하는 자에 대하여 그 예방이나 손해배상의 담보를 청구할 수 있다. 제34조의2(법인의 인격권) 제3조의2는 그 성질에 반하지 아니하는 범위 안에서 법인에 준용한다.
4 단순히 민법전만을 지칭하는 민법을 '형식적 의미의 민법'이라고 하고, 사권에 대한 것을 포괄할 때는 '실질적 의미의 민법'이라고 한다.
5 이러한 특수계층에 대한 보호가 사회가 변해가면서 필요하게 되었고, 법에 있어서는 특별법의 제정으로 이어지게 되는 경우가 많다. 소비자와 근로자가 그 예이고, 이에 따라 각종 특별법들이 만들어지게 되었다.
6 이러한 일반과 특별 관계는 동일한 급의 법률 사이에서 상대적으로 형성되며, 이에 따라 법적용의 순서가 결정된다. 민법전은 가장 기본적인 법이므로, 항상 일반법의 지위를 가진다.

우리 민법전의 특징

우리 민법전은 일제강점기로부터의 해방 이후 새롭게 제정되어 1960년 1월 1일부터 시행된 것이지만, 1900년경에 만들어진 일본법을 거의 그대로 계수하였다. 일본법은 그 제정과정에서 독일법의 영향을 많이 받았던 터라, 우리법은 독일법의 색채를 많이 가지고 있다.[7] 우리법은 개정 이후 여러 차례 개정되었지만, 체계와 중요한 내용은 거의 바뀌지 않았는데, 이에 따라 현재에 맞지 않는 예전의 내용이 여전히 유효하게 존재하기도 한다. 일본법이 제정된 시기를 기준으로 한다면 100년 이상 전에 만들어진 내용이 현재에도 법으로서 기능한다는 뜻이다.

우리법 대부분의 내용이 형성된 저 시기는 역사적으로 근대 말에 해당하는 시기이다. 1800년 전후로 시작된 근대는 인간의 평등을 전제로 많은 것들을 각 개인의 자유의 영역으로 남겨두었다. 하지만, 1900년 전후로 그것만으로 충분하지 않음을 자각하고 이를 수정하게 된다. 바야흐로 현대가 열린 것이다. 사회의 모습은 당연하게도 법에도 많은 영향을 주었다. 우리 민법전은 근대법의 태도를 견지하고 있으나, 현대에는 더 이상 맞지 않게 되었고, 이에 따라 각종 특별법들이 만들어지고 있는 것이다.[8]

---

7 그중 가장 대표적인 것이 총칙과 각칙으로 구성된 소위 '판덱텐'체계이다. 이에 따라 법전은 보다 체계적인 모습을 가질 수 있었지만, 동시에 전체를 파악하지 못하는 한 매우 이해하기 어려운 것이 되어버렸는데, 이에 해당하는 가장 대표적인 것이 바로 민법전이다. 참고로, 우리 민법전에서는 '준용'규정이 많이 있는데(예컨대, 민법 제290조), 준용은 일정한 규정을 유사한 다른 사항에 적용하는 입법기술로, 법조문의 숫자를 줄이는데는 도움이 되지만, 법전을 이리저리 찾아가며 읽어야 하는 불편함을 준다. 이러한 부분도 우리 민법전을 이해하기 어렵게 만드는 요소 중 하나이다.
8 민법전 자체의 개정도 있었으나 그 복잡한 구조로 인해 지엽적인 내용에 그치고, 대부분 특별법 제정의 형태도 반영되고 있다. 물론 민법전을 전면적으로 개정하려고 하는 시도가 아예 없었던 것은 아니다. 이러한 시도에 있어 소비자관련법의 민법전편입과 같은 시도가 근대적인 민법의 태도를 현대에 맞게 바꾸려는 노력의 일환으로 이루어지기도 했다. 하지만 아직까지는 민법의 태도 자체가 바뀌었다고 볼 수 있을 정도의 개정은 이루어지지 못하고 있고, 실제로 2017년 개정된 일본채권법에서는 이러한 시도가 이루어졌지만, 결과적으로 현재의 태도를 유지하는 것으로 마무리되었다. 우리의 경우에도 2024년 기준, 세 번째 대대적인 개정작업을 진행중이다.

1003 법률 말고 명령도 있습니다

흔히 법이라고 일컬어지는 **법률**은 국민의 대표인 국회에서 만든다.[1] 우리가 살아가는 데 필요한 규범을 우리가 만든다는 건 근대 이후 국민이 주인인 사회의 가장 기본적인 전제이자, 동시에 우리가 법을 지켜야 하는 이유가 되기도 한다.

우리가 사회 속에서 살면서 알아야 하는 규범에는 법률 말고 **명령**이라는 것도 있다.[2] 명령은 대통령 등 행정부가 만드는 규범인데(헌법 제75조, 제97조) 사회의 변화에 대한 신속한 대응이 필요한 경우에 매번 국회의 의결을 거치는 것은 적절치 않을 수 있기 때문에 이러한 규범도 인정되고 있다. 그런데 명령도 국민의 권리와 의무에 직접 영향을 미치기도 하므로 자신이 직접 만들지 않는 규범에 구속될 수 있다는 점에서 문제가 될 수 있지만 명령은 법률이 정한 범위 내에서만 만드는 것이므로[3] 여전히 국민의 통제 속에 존재한다.

민법에 대해서도 명령이 존재한다. 민법 제312조의2에서는 전세금이 목적 부동산에 관한 조세·공과금 기타 부담의 증감이나 경제사정의 변동으로 인하여 상당하지 아니하게 된 때에는 당사자는 장래에 대하여 그 증감을 청구할 수 있다고 하되, 증액의 경우에는 대통령령이 정하는 기준에 따른 비율을 초과하지 못한다고 한다. 명령인 "민법제312조의2단서의시행에관한규정[4]" 제2조에서는 그 비율은 전세금의 20분의 1을 초과하지 못한다고 정하고 있다. 대부분의 특별법은 그 시행령을 가지고 있다. 앞서 소개한 "주택임대차보호법"에 대해서도 "주택임대차보호법 시행령[5]"이 존재한다.

---

1   '입법권'은 국회에 속함은 헌법 제40조에 명시되어 있다. 법률이 만들어지기까지는 법령안의 입안-관계기관과의 협의-사전 영향평가-입법예고-규제심사-법제처 심사-차관회의 심의-국무회의 심의-대통령 재가 및 국회 제출-국회의 심의·의결 및 공포와 정부이송-국무회의 상정-공포 등의 복잡한 절차를 거치지만, 그 핵심은 국회의 심의·의결에 있다. 절차에 대한 보다 자세한 내용은 법제처(www.moleg.go.kr)에서 확인할 수 있다. 참고로, 헌법에 의하여 체결·공포된 조약과 일반적으로 승인된 국제법규는 국내법과 같은 효력을 가지는데(헌법 제6조), 국회는 조약의 체결·비준에 대한 동의권을 가진다(헌법 제60조).
2   법률과 명령을 합쳐서 '법령'이라고도 한다.
3   만약 그 범위를 일탈하게 되면 그 명령은 효력을 가지지 못하게 된다. 법률의 위임이 없으면 명령을 만들 수 없다는 '법률유보원칙', 명령은 법률에 위반되어서는 안된다는 '법률우위원칙'에 따른 결과이다.
4   대통령령 제11493호, 1984. 9. 1. 제정.
5   대통령령 제34550호, 2024. 6. 4. 타법개정.

법의 체계와 효력

법률과 명령 이외에도 "헌법"이 있다. 헌법은 모든 국가가 가지고 있는 최고규범으로 그 나라의 정체성을 표현하고 있고,[6] 법률보다 상위에 있다.[7] 최상위법인 헌법은 국민의 뜻을 온전히 담아 마련되어야 하므로 국민의 대표인 국회의 의결을 넘어 직접적인 국민투표를 거쳐야만 개정될 수 있다.[8]

명령이 법률의 위임을 받아 그 효력을 인정할 수 있듯, 법률도 헌법으로부터 그 정당성을 부여받아야만 한다. 따라서 모든 법률은 헌법가치에 반하지 않아야 하며, 법률의 내용이 애매모호할 때는 헌법에 따라야 한다. 실제로 국회에서 의결된 법률이라고 하더라도 그것이 헌법에 반한다고 여겨질 때는 헌법재판소에서 위헌법률심판을 통해 그 효력이 부정되기도 한다.[9]

헌법, 법률, 명령 모두 그 국가 안에서만 규범력이 있고, 우리 국민들에게는 장소 불문하고 적용된다.[10] 법은 제정 후 시행됨으로써 효력이 생기는데,[11] 법 시행 전의 일에 소급하여 적용되지는 않는다.[12]

---

6 민주주의, 자본주의를 바탕으로 한 자유시장경제질서 등이 우리 헌법에서 선언하고 있는 대한민국의 정체성이다. 특히 경제질서에 있어서는 헌법 제9장(제119조~제127조)에서 확인할 수 있다.

7 따라서 법은 헌법-법률-명령의 체계를 이루고 있다. 국가전체적인 차원에서는 위와 같은 구조이지만, 지방자치를 고려하면, 지방의회에서 제정하는 '조례'와 지방자치단체에서 만드는 '규칙'이 있는데(명령의 한 형태로 다루어지는 행정규칙과는 다름을 주의), 이는 법률과 명령의 관계에 있다.

8 헌법 제130조.

9 헌법재판소는 법률을 기준으로 분쟁을 해결하는 법원과는 별도의 사법기관으로 헌법에서 인정하고 있는 헌법기관이다. 위헌법률심판, 탄핵심판, 정당해산심판, 권한쟁의심판, 헌법소원심판을 담당하며(헌법 제111조), 별도의 "헌법재판소법"이 제정되어 그 구체적인 사항을 정하고 있다. 우리나라의 헌법재판소는 1960년 헌법에 등장하였으나 실제로 설치되어 기능한 것은 1988년부터이다.

10 국가 내에서 효력을 가지는 것을 '속지주의', 국민에게 효력을 가지는 것을 '속인주의'라고 하는데, 대부분의 국가들은 속지주의와 속인주의를 동시에 인정하고 있다(우리의 경우에도 예컨대 형법 제2조, 제3조 참조). 이로 인해 하나의 사건에 대해 각 나라의 법이 동시에 적용되어 충돌하는 문제가 발생하는데, 이 경우 적용될 법(준거법)을 결정하는 것이 중요하다. 사적 거래의 경우에는 당사자의 합의가 우선하기도 하지만 각 나라의 법에 의해서 강제적으로 정해지기도 한다. 우리도 별도의 "국제사법(구 섭외사법)"을 가지고 있다.

11 대부분의 법에서 시행일을 정하고 있지만, 우리 헌법에서는 법률은 특별한 규정이 없는 한 공포한 날로부터 20일을 경과함으로써 효력을 발생한다고 정하고 있다(제53조 제7항).

12 헌법 제13조, 형법 제1조 등에서 이를 명시하고 있다. 민법 부칙 제2조에서는 본법은 특별한 규정 있는 경우외에는 본법 시행일전의 사항에 대하여도 이를 적용한다고 하고 있지만 이는 우리 민법의 특수성을 고려한 예외적인 경우이다.

1004 사람과 사람 사이에도 공적 관계가 문제될 수 있어요

사람과 사람 사이에서 발생하는 문제는 주로 사권을 중심으로 설명된다. 그러나 이 경우에도 국가와의 사이에 공적인 관계가 문제되기도 한다. 예를 들어 범죄로 인해 가족을 잃은 유가족들은 범죄자로부터 **피해**를 **배상**받을 수 있는 것 외에도, 범죄자로 하여금 **처벌**을 받을 수 있도록 할 수 있는데, 이는 사적으로 할 수 있는 일이 아니고 어디까지나 국가의 영역이며, 유가족들은 그저 국가에 이를 청구할 수 있을 뿐이다.[1] 더 나아가 유가족은 국가에 대해서도 손해배상이나 **피해보상**을 청구할 수도 있다. 이 경우도 국가를 상대로 한 공적인 것이다.

이를 나누는 것은, 문제 발생시 어떠한 절차를 통해 달성되냐에서 차이가 난다. 법을 통한 분쟁해결절차에는 **소송**이 대표적이다. 민법을 중심으로 한 사적관계를 **민사**라고 하고, 이와 관련된 문제를 해결하는 법적 절차는 **민사소송**이다. 국가의 형벌을 내용으로 하는 것은 **형사**라고 하고,[2] 형벌을 부과하는 것은 **형사소송**에 의해 결정된다. 마지막으로 형사 이외에 국가의 행위를 문제삼는 공적 영역은 바로 **행정**인데, 이는 **행정소송**이나 **행정심판**을 통해서 해결한다.[3] 각 영역은 문제의 특성에 따라, 특히 사적이냐 공적이냐에 따라 그 절차상으로 차이가 있다. 각자의 영역은 모두 별개이며, 어느 영역에서의 절차를 진행할 것인지는 독자적으로 결정된다. 사적관계에 대한 민사소송은 시작부터 모든 것을 당사자가 자유롭게 선택할 수 있기 때문에 범죄자의 처벌을 원하지만 가해자에 의한 피해배상을 원하지 않는 경우 그렇게 할 수 있다.

---

1 이를 '고소'라고 한다. 당사자가 아닌 경우에는 '고발'을 할 수 있다.
2 이에 관한 가장 기본적인 법이 "형법"이다. 즉, 형법은 '죄'와 '벌'에 대해서 규정하고 있다.
3 행정소송은 국가의 행정행위(처분)를 다투는 유형이 대부분이지만, 국가에 대한 손해배상청구도 가능하다.

법의 분류

권리를 분류함에 있어서도 공과 사로 나누듯, 법도 크게 **사법**과 **공법**으로 나누어 보는 것이 일반적이다. 사법은 개인 간의 사적 문제에 대해서,[4] 공법은 국가를 중심으로 한 공적 영역에 적용된다고 할 수 있는데, 그 규율의 관점이나 기능 자체가 다르다. 예컨대, 사법의 경우에는 개인이 스스로 관계를 형성해 가는 자유의 여지가 크지만, 공법의 경우는 그렇지 않다.[5] 하지만 이 구별에 너무 큰 의미를 부여하는 것은 적절치 않을 수 있는데, 지금까지 다양한 학설에서 사법과 공법의 구별을 완전히 설명해 내지 못하고 있다.[6] 민법과 형법 등 일반법들이 사법, 공법으로 나누어지던 시절을 지나 새롭게 만들어지는 특별법은 이 두 가지 성격을 동시에 가지고 있는 경우가 대부분이다. 그 영역에 따라서는 사법도 공법도 아닌 **사회법**으로 지칭되기도 한다.[7]

사법과 공법의 구별과는 별도로 **사적 구제**와 **공적 구제**(대표적으로 형사처벌)[8]가 많은 경우(특히 사람과 사람 사이에서는 대부분의 경우에) 동시에 문제될 수 있음을 주의해야 한다. 사법적 요소와 공법적 요소가 혼재하고 있는 특별법의 경우에는 이들 모두가 규정되어 있는 경우가 더 일반적이다. 사적 구제와 공적 구제의 구별은 민사소송이냐 아니냐의 문제와도 일치하므로 이를 기준으로 현실의 문제를 바라보는 것이 더 효율적일 수 있다.[9]

---

4 이는 결국 민사에 대한 것이라고 할 것인데, 민법을 민법전에 한하지 않고 넓은 의미로 파악한다면 결국 사법, 민사법, 민법은 거의 동일한 의미로 사용될 수 있을 것이다.

5 이러한 모습이 사법에서는 '임의규정'의 형태로도 확인된다. 임의규정이란 당사자의 합의로 배제할 수 있는 법률이며(민법 제105조), 당사자의 의사가 불명확할 경우에 보충적으로 적용된다. 이에 대해 당사자의 합의로 배제할 수 없는 규정은 '강행규정'이라고 한다. 공법의 경우에는 원래가 강행규정이지만, 사법의 경우에도 강행규정이 점점 늘어가고 있는 추세이다.

6 주체설, 성질설, 이익설 등이 주장되어 왔으나, 모두 일면만을 다루고 있을 뿐이다.

7 대표적으로 '노동법'과 '경제법'을 들 수 있는데, 이들은 법의 영역을 지칭하는 것이지 개별법을 의미하지는 않는다. 노동법의 대표적인 개별법으로서는 "근로기준법"이 있으며, 경제법에는 "독점규제 및 공정거래에 관한 법률"이 있다.

8 형사와 그 외 공적 영역은 국가가 개입한다는 측면에서 많은 부분이 유사하다. 물론 형사는 다른 공적 규제에 비해서도 특수성을 가지므로, 기존의 공법을 형사법과 형사를 제외한 좁은 의미의 공법으로 다시 나누기도 한다.

9 다만, 국가에 대한 손해배상, 즉 국가배상은 민사소송절차에 따른다. 별도의 "국가배상법"이 존재한다.

1005 관습법도 있답니다

사회에서 문제가 발생하면, 그것이 법률관계인 한, 법에 따라 옳고 그름을 판단한다. 그 법의 출처를 **법원(source of law)**이라고 하는데, 우리와 같은 성문법 국가의 경우도 명시적인 **법령** 외에도 별도로 **관습법**을 인정하기도 한다. 관습법은 사회의 관습(관행)을 규범으로 인정하는 것으로,[1] 명시적인 법령과는 달리 눈에 보이는 형태로 존재하지 않고 그만큼 불명확할 수밖에 없다. 우리 민법 제1조에서는 법률[2]에 규정이 없으면 관습법에 의하도록 하여 법률 이외에도 관습법이 법원임을 명시하고 있다. 관습법이 없을 경우에는 **조리**에 의한다. 조리는 쉽게 말해 상식이다. 이에 따라, 문제가 발생한 경우에는, 규범으로서 인정되는 것이 없다고 문제를 해결하지 못하는 것이 아니라 상식에 비추어서라도 해결하여야 한다.

관습법은 주로 사법 혹은 민사법의 영역에서만 인정된다. '관습법상의 분묘기지권', '관습법상의 법정지상권' 등이 그 예이다. 공적인 영역, 특히 형사법의 경우에는 관습법은 절대적으로 인정되지 않는다.[3] 다만 우리 헌법재판소는 '서울이 대한민국의 수도'라는 내용의 관습헌법을 전제로 수도이전에 대한 법("신행정수도의 건설을 위한 특별조치법")을 무효화시킨 바 있다.[4]

---

1 관습이라고 해서 전부 관습법이 되는 것은 아니고, 관습법이 아닌 '사실인 관습'도 때때로 의미를 가진다. 민법 제106조에서는 일정한 관습의 경우 당사자의 의사가 명확하지 아니한 때에는 그 관습에 의한다고 하고 있는데, 이 경우의 관습은 사실인 관습을 의미한다.
2 민법 이외에 다른 법률도 이에 해당하며, 명령까지도 포함한다.
3 이는 범죄의 성립과 처벌은 반드시 법률에 의하여야 한다는 형사법상의 대원칙, '죄형법정주의'에 따른 것이다. 이러한 원칙은 헌법 제13조, 형법 제1조에서 명시적으로 밝히고 있다. 이 경우 법률은 국회를 통과한 좁은 의미의 법률만을 의미한다. 이 원칙은 근대에 성립되어 현재까지도 유지되어오는 매우 중요한 원칙이지만, 최근에는 이 원칙으로 인해 충족되지 못한 국민의 법감정이 법에 대해 많은 오해를 하게 만들기도 한다. 잔혹한 범죄에 대해 법에서 정한 바를 넘어 강력한 처벌을 하여야 한다고 생각할 경우가 이에 해당한다.
4 헌재 2004. 10. 21. 선고 2004헌마554, 566 결정.

관습법의 문제점

민법 제1조에 따르면, 관습법은 성문법에 대해 보충적인 역할을 한다. 따라서 명문의 규정에 반한 관습법은 인정될 수가 없다. 그런데 실제로 인정되는 관습법의 경우 그렇지가 않다. 관습법은 주로 강행규정이 많은 영역에서 발생하는데, 이에 의해 법의 엄격한 태도가 회피되기도 한다. 앞서 언급한 '관습법상의 분묘기지권', '관습법상의 법정지상권' 모두 그렇다.

그렇게 인정된 관습법이 기존 법질서의 경직성을 넘어 실제생활에 맞는 규범을 제공한다는 긍정적 면도 있다고 할 것이지만, 제대로 된 입법절차를 거치지 않고 성립된다는 측면에서 근원적으로 문제가 있다.[5] 이에 따라, 오래동안 있어온 관습을 법으로 인정하는 것이 아니라, 원하는 결과를 위한 수단으로 악용될 수도 있다.

위와 같은 이유로 관습법의 인정은 필요최소한에 그쳐야 한다. 기존에 법원에 의해서 그 성립이 인정된 경우를 제외하고는 관습법을 섣불리 인정하지 않아야 하며, 기존의 관습법도 법률로 제정하여 논란의 여지를 줄일 필요가 있다.[6]

---

[5] 관습법이 성립에 법원의 확인이 필요한 깃은 아니지만, 법원이 실제 사건을 해결함에 있어서 그 기준으로 관습법을 인정하면서 우리는 무엇이 관습법이며 어떤 내용인지를 알게 된다. 이는 실질적으로는 사법부의 입법을 의미하는 것일 수도 있다.

[6] 대표적으로 종래에 관습법으로 인정되었던 부동산양도담보권은 법률("가등기 담보 등에 관한 법률")로 명문화되어 더 이상 관습법이 아니게 되었다. 명문화되지 못한 동산양도담보권은 여전히 관습법으로 존재한다.

1006 법원의 판결은 법이 아닙니다만

문제가 발생한 경우 원만히 해결되지 않아 소송이 이루어지면 법원이 제3자적 입장에서 분쟁에 대한 결론을 내리는데, 이를 **판결**이라고 한다. 세계의 법문화를 '대륙법계'와 '영미법계'로 크게 나눈다면,[1] 판결을 법으로 인정하는 영미법계에 반해 우리와 같은 대륙법계는 판결의 법원성을 인정하지 않는다.[2]

그럼에도 우리의 경우에도 법원의 판결 특히, 대법원의 판결은 법의 내용이 어떻게 구체화되는지를 확인할 수 있는 중요한 자료가 된다. 법은 다양하고 구체적인 많은 경우를 포섭하여야 하므로 필연적으로 추상적일 수밖에 없기에 실제 사건에 적용되는 과정에서 법을 해석하여 구체화하는 작업이 필요하다. 이러한 역할은 온전히 법원의 영역이다. 그 중에서도 대법원의 태도가 가장 중요한 것은 3심제를 취하고 있는 우리에게 있어 대법원은 최상위 법원이며, 1심과 2심이 사건을 재구성하는 데 집중하는 '사실심'인데 반해, 대법원은 법이 뜻하는 바와 그 적용이 올바른지를 따지는 '법률심'이기 때문이다.[3] 특히 반복적인 판결을 통해 확인되는 대법원의 태도를 **판례(법리)**라고 하는데, 법을 공부하는 과정은 이러한 대법원 판례를 공부하는 것과 다름 아니라고도 할 수 있을 만큼, 그 중요성은 크다.

대법원이 최상위 법원이라고는 하나 각 법원은 법관의 양심에 따라 독립적으로 재판할 수 있으므로 대법원의 해석에 반드시 구속되는 것은 아니다. 다만, 대개 지방법원과 고등법원과 같은 하급심에서는 대법원의 입장을 그대로 적용하는 경우가 많다. 때때로 대법원의 입장과 반대되는 하급심의 판결이 대법원 판결의 변경으로 연결되기도 한다. 특히 대법원 판결이 변경될 때는 통상 1명의 재판장과 3인의 대법관으로 구성되는 소부가 담당하는 일반적인 대법원 판결과는 달리 대법관 전원이 참여하는 **전원합의체 판결**을 통하는데,[4] 이는 여러 가지 의미에서 매우 중요한 의미를 가진다.

---

1 최근에는 '이슬람법계'도 또 다른 법체계로서 인정하고 있는 듯하다. 다만 영미법이나 대륙법만큼 많은 영향력을 가지고 있지는 않다. 우리는 독일과 프랑스를 대표로 하는 대륙법계에 속하는데, 최근에는 영미법의 영향도 점점 늘어나고 있는 추세이다.
2 판결을 법으로 보는 것은 사법부의 입법행위를 긍정하는 것으로 삼권분립의 원칙적인 태도에도 부합하지 않는다고 볼 수 있다.
3 법원은 증명된 사실관계에 관련법을 적용하여 판결을 내리는데(소전제인 사실에 대전제인 법을 적용시켜 결론을 내리는 '3단 논법'), 대법원은 사실관계의 확정에 대해서는 관여하지 않는다. 사실심은 2심에서 종결된다.
4 대법관은 대법원장을 포함하여 총 14명이지만("법원조직법" 제4조), 대법원장과 법원행정처장을 제외하고 12명이 실질적으로 재판에 관여한다. 전원합의체는 소부에서의 의견이 갈리거나 사회적으로 중대한 사안일 경우에 열린다.

법의 해석

법은 그 추상성으로 인해 해석이 필요한 경우가 많다. 해석은 기본적으로는 문언 그 자체의 의미를 따르지만(**문리해석**), 때로는 법이 제정되는 과정이나 목적, 다른 법 혹은 조항과의 체계 등을 고려하기도 한다(**목적론적 해석, 체계적 해석** 등). 해석된 바가 문언적 의미에 반하기도 하는데, 이럴 경우는 사법부가 입법을 하는 것과 마찬가지가 될 수도 있다. 법률을 해석할 때는 특히 상위법, 즉 헌법의 가치에 반하지 않도록 하는 것도 필요하다. 이를 **헌법합치적(합헌적) 법률해석**이라고 한다.

법의 해석은 어느 법이냐에 따라 다를 수 있는데, 공법 특히 형사법의 경우에는 보다 엄격한 법해석이 요구된다. 유사함을 바탕으로 법을 문언의 범위를 넘어 해석하는 **유추해석**은 형사법에서는 죄형법정주의 하에서 엄격하게 금지하고 있다. 이에 반해 나머지 영역, 특히 민사법의 영역에서는 유추해석은 법해석의 중요한 방법 중 하나이다.

법을 해석하는 주체에 따라 **유권해석**이라고 하기도 한다. 법을 실제로 해석 적용하는 정부기관이 하는 해석을 뜻하는데, 그만큼 신뢰할 수 있다는 뜻이겠지만, 법의 해석기관인 사법부에서는 행정부의 유권해석을 때때로 부정하기도 한다. 법의 해석은 어디까지나 법원의 몫이므로 이러한 태도에 문제가 있다고 쉽게 말할 수는 없을 것이다.

1007 싸울 때도 합법적으로

민사에 대한 **민사소송**[1]은 사적 구제를 원하는 자(원고)의 소송제기로 시작되는데, 이는 '소장[2]'을 법원에 제출하면서 시작된다. 법원은 이를 상대방(피고)에게 보내고 상대방은 소장에 대한 '답변서[3]'를 제출한다. 이 서류는 다시 원고에게 보내지고 추가적으로 필요한 경우 다시 서류(준비서면)들이 오간다. 이들 서류를 통해 사건의 개요가 파악되면 법원은 '변론기일'을 열어 심리하고 사건에 대해 판결한다.

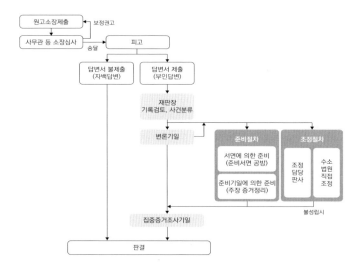

민사소송의 흐름〈출처: 대법원(www.scourt.go.kr)〉

---

1 절차에 대해서는 "민사소송법"이 별도로 규정하고 있다. 이들 역시 민법 혹은 민사법이라고 할 수 있겠지만, 사람과 사람 사이의 권리 의무 관계에 대한 것을 '실체법'이라 하여 절차에 대한 '절차법'과 구별한다.
2 소장은 크게 '청구취지'와 '청구원인'으로 구성되는데, 청구취지는 원고가 목표하는 바를 간략하게 적고, 왜 그래야 되는지에 대해서는 청구원인에서 상세하게 기술한다(예를 들자면, 청구취지: 1억을 이행하라, 청구원인: 1억을 빌려줬는데, 갚지 않았다).
3 답변서는 '청구취지에 대한 답변', '청구원인에 대한 답변'으로 구성된다(예를 들자면, 청구취지에 대한 답변: 원고의 청구를 기각한다, 청구원인에 대한 답변: 빌리지 않았다. 혹은 빌렸는데 갚았다. 혹은 빌렸는데 안 갚아도 된다(예컨대, 소멸시효의 항변)).

민사소송 vs 형사소송

사람과 사람 사이의 문제에 있어서도 민사뿐만 아니라 형사, 더 나아가 국가를 상대로 한 행정의 영역까지 문제될 수 있다.[4] 민사소송은 특히 형사소송과 차이가 있다.

민사소송은 사적 구제인 만큼 당사자의 자유가 폭넓게 인정된다. 소송의 시작과 종결을 당사자가 결정할 수 있으며(**처분권주의**), 소송과정에서의 주장 및 증명에 대해서도 당사자에게 달려 있고 법원은 당사자가 주장하고 증명한 범위에서만 판단하게 된다(**변론주의**). 형사소송에서도 '불고불리의 원칙'이 인정되지만,[5] 소송과정에서 법원이 주도권을 쥐고 있는 점(직권탐지주의)과 구별된다. 민사소송에서의 당사자가 '원고'와 '피고'인 반면, 형사소송에서는 피해자를 대신하여 '검사'가 '피고인'을 상대하게 되는 점도 차이점이다.[6]

소송에서는 법원은 제3자적 입장에 서기 때문에 주장된 바의 증명여부는 소송의 승패와도 직결되는 사항이다. 민사소송에 있어서, 누가 증명을 할 것인지에 대한 **증명책임**은 그 분배 역시 쉽지 않지만,[7] 최근에는 소송에서의 공평을 위해 그 책임이 상대방에게 이전되기도 혹은 완화되기도 한다(증명책임의 전환, 완화). 이와는 달리 형사소송에서는 모든 증명을 검사가 하여야 하며, 증명이 충분하지 않은 경우에는 유죄판결이 나올 수가 없다.[8]

---

4 형사절차는 "형사소송법", 행정의 경우는 "행정소송법"이 별도로 존재한다(행정의 경우는 행정심판이라는 분쟁해결절차도 마련되어 있고 이에 대해서는 "행정심판법"이 규정한다).

5 공소제기가 없으면 법원은 심리하지 못한다는 것으로 처분권주의와 유사하다. 공소제기(기소)는 검사만이 할 수 있으며("형사소송법" 제246조), 이는 경찰이나 검찰의 수사에 따른 결과이다. 피해자나 그 주변인은 고소, 고발을 통해 공소제기를 촉구할 수 있을 뿐이고, 수사결과에 따라 공소제기로 이어지지 않을 수도 있는데, 이 경우 항고/재항고("검찰청법" 제10조), 법원에의 재정신청("형사소송법" 제260조)을 통해 다툴 수 있다.

6 변호사도 '변호인'이라고 지칭된다. 민사소송은 변호사를 반드시 선임할 필요가 없지만, 형사소송에서의 피고인은 대개 변호인이 필요하고 때로는 국가에서 변호인을 선임해 주기도 하는데 이를 '국선변호인'이라고 한다.

7 특히, 법률의 규정에 의해 '추정'된 사항(예컨대, 민법 제30조)에 대해서는 이 경우 추정을 뒤집고자 하는 자가 이를 증명하도록 하고 있다(이와 달리 '~로 본다.'고 되어 있는 '간주'의 경우는 법에서 정한 절차 이외에는 그 결과를 뒤집을 수가 없다. 민법 제28조 참조).

8 특히 형사소송에 있어서는 '무죄가 추정'되고, '의심스러우면 피고인의 이익으로' 판단되어야 하며, 증명에 있어서는 '합리적 의심이 없을 정도의 증명'이 요구된다. 이는 죄형법정주의와 함께 피의자 혹은 피고인을 보호한다.

1008 정식소송만 있는 건 아니에요

소송을 통한 해결은 대개 많은 시간과 비용을 필요로 한다. 우리법에서는 금액이 적은 경우에는 보다 간편하고 신속하게 절차가 진행되도록 하기도 하고(**소액사건심판**[1]), 단순히 돈을 받기 위한 경우에는 청구자의 신청만으로 내려지는 **지급명령**이 활용되기도 한다.[2]

그 외에도 민사의 경우에는 최근에는 당사자에 의해 분쟁을 해결하는 **조정** 등도 활발히 활용되고 있다. 조정의 경우 당사자가 분쟁의 해결에 대해 합의한 때에는 이에 법원의 판결과 마찬가지의 효력을 인정하지만, 그렇지 않은 경우 정식소송절차로 넘어가게 된다.

형사의 경우에도 가벼운 범죄의 경우 '약식명령'이나 '즉결심판'과 같은 간이절차가 존재하고 확정시에는 판결과 마찬가지의 효력을 지니지만, 이의가 있는 경우 정식재판절차로 넘어가게 된다.[3]

---

1 소송목적의 값이 일정 금액 이하일 경우 이 절차에 따른다("소액사건심판법" 참조). 어디까지나 정식절차임을 주의하여야 한다. 그 외에도 금액의 많고 적음을 떠나 정형적이고 간단한 사건의 경우 이 절차에 따르도록 하는 경우가 있다(예컨대 "주택임대차보호법" 제13조).
2 이와 같은 약식절차의 경우에는 상대방이 이의를 신청하면 정식소송절차로 진행된다. 지급명령에 대해서는 "민사소송법"에서 규정하고 있다(제5편 독촉절차).
3 약식명령에 대해서는 "형사소송법"에서 규정하고 있다. 약식명령을 신청하는 것은 검사지만(실무상 이를 '구약식'이라고 하여 정식재판을 청구하는 '구공판'과 구별한다), 법원은 그 사건이 약식명령으로 할 수 없거나 약식명령으로 하는 것이 적당하지 아니하다고 인정한 때에는 공판절차에 의하여 심판하여야 한다(제450조). 약식명령에 있어 피고인이 정식재판을 청구한 사건에 대하여는 약식명령의 형보다 중한 종류의 형을 선고하지 못한다(제457조의2). 형사소송에 대한 불복과 관련하여 피고인이 항소한 사건과 피고인을 위하여 항소한 사건에 대해서는 원심판결의 형보다 무거운 형을 선고할 수 없는데(제368조: 불이익변경의 금지), 이들은 불복할 수 있는 권리가 제약됨을 막기 위한 것이다. 즉결심판에 대해서는 "즉결심판에 관한 절차법"이 적용되는데, 경찰서장이 이를 신청하며(제3조), 정식재판 청구에 있어서는 "형사소송법"이 준용된다.

대체적 분쟁해결제도(ADR: Alternative Dispute Resolution)

법원의 소송 이외의 분쟁해결방식을 총칭해서 **대체적 분쟁해결제도(ADR: Alternative Dispute Resolution)**라고 한다. 조정과 중재가 대표적이다.[4] 소송으로 문제를 해결할 경우에 문제점으로 인해 최근 많이 활용되고 있고 그 영역을 점점 넓히고 있다.

조정은 당사자의 합의를 통해 분쟁을 해결하는 방식으로 조정위원의 조정안은 권고적인 효력에 그칠 뿐이다. 조정위원은 당사자의 화해를 도와 분쟁을 조속히, 그리고 우호적으로 해결하는 데 목적이 있고, 법원에서 소송이 진행되고 있는 와중에도 법원이 사건에 조정에 회부하기도 한다.

중재는 중재안이 강제력을 가진다는 측면에서는 소송과 마찬가지지만, 그 방식을 당사자가 합의로 정한다는 점에서 차이를 가진다. 특히 무역 등 전문적인 영역에서 이런 방식의 분쟁해결이 시도되고 있으며, 전문가에 의한 빠른 해결을 목표로 한다. 각 나라나 국제기구에서 전문중재기관을 운영하기도 한다. 많은 경우 거래에 앞서 적용되는 법(준거법)이나 분쟁해결방식, 중재장소 및 기관 등을 미리 합의하여 계약서 등에 반영해 두기도 한다.

---

4 조정에 있어서는 특히 "민사조정법"이 별도로 존재한다.

1009 권리의 실현도 국가를 통해서만 하세요

소송에서 이겼다고 하더라도 이에 따른 처리는 남아있고, 이 역시 국가공권력을 통해서만 하여야 한다.[1] 이를 **집행**이라고 한다. 집행에 있어서는 소송은 '집행권원(채무명의)'을 확인받기 위한 작업일 뿐이다.[2] 상대방의 재산에 대한 집행시에는 **압류**가 수반된다.[3]

소송을 통해 집행권원을 받아야 하는 경우라면, 미리 집행의 대상에 대해 임시로 집행과 유사한 조치를 해 둘 필요가 있다. 그렇지 않은 경우 소송의 상대방이 재산을 빼돌려 집행자체가 이루어지지 않게 할 가능성도 있기 때문이다. 소송을 통해 많은 비용과 시간을 소모하여 권리가 있음을 확인받은 경우에 이후 그 권리를 실현할 수 없다면 곤란할 것이다. 예컨대 돈을 받기 위해 소송을 제기하였으나 소송 후 상대방에게 아무 재산도 없는 경우, 땅을 넘겨받기 위해 소송을 제기하였으나 소송 도중 상대방이 그 땅을 다른 사람에게 넘겨준 경우를 고려해 보면 쉽게 이해될 수 있을 것이다. 이처럼 집행권원이 없는 상태에서 할 수 있는 집행과 유사한 조치를 **보전처분**이라고 하는데, 이에는 돈을 받고자 하는 경우를 위한 **가압류**와 그 밖의 경우를 위한 **가처분**이 있다. 이러한 가압류 혹은 가처분은 소송에서 패소하여 집행권원을 확보하지 못하는 경우에는 아무 의미가 없게 되지만, 소송에서 승소하여 집행권원을 얻게 되면 보전처분 이후의 사항들은 전부 그 효력을 상실하여 집행의 실효성을 거둘 수 있게 된다.

---

1 형사소송에서도 판결에 따른 형의 집행 역시 온전히 국가의 몫인 것과 같다. 다만 민사의 특성상 당사자가 이를 직접 청구하여야 한다. 소송결과에 따라 이행을 청구하였는데 상대가 이에 응하지 않으면 국가에 그 실현을 청구할 수 있다.

2 집행권원을 확보하는 대표적인 방법이 소송을 통해 법원의 판결을 받는 것이지만, 판결 이외에도 화해조서, 인낙조서도 있고("민사소송법" 제220조 참조) 거래서류에 공증을 받는 방법도 있다.

3 재산에 대한 집행은 상대방의 재산유무에 따라 실현여부가 결정된다. 이 경우 상대방의 재산을 '책임재산'이라고 하는데, 현실에서는 소송에서의 승패만큼이나 책임재산의 확보가 중요한 의미를 가질 수 있다.

민사집행법

집행과 **보전처분**에 대해서는 별도의 "민사집행법"에서 자세히 규정하고 있다.[4] 민사집행법은 그 특성에 따라 돈을 받고자 하는 경우와 그 이외의 권리를 행사하고자 하는 경우로 구별한다. 돈을 받고자 하는 경우에도 그 대상에 따라 부동산에 대한 집행, 선박/자동차/건설기계/항공기계에 대한 집행 및 동산에 대한 집행으로 나뉘고, 동산에 대한 집행은 유체동산에 대한 집행과 채권 그 밖의 다른 재산권에 대한 집행으로 다시 나누어진다. 그 외의 권리에 따른 집행은 물건의 인도를 구하는 청구권의 집행과 작위/부작위/의사표시를 구하는 집행으로 나누어진다.

특히 금전집행시 상대방의 부동산 등 재산에 집행이 이루어질 경우에는 압류 후 법원에서 환가를 위해 이를 매각하게 되는데, 이를 **경매**라고 한다.[5] 경매는 집행권원을 가지고 신청하는 '강제경매'도 있지만, 담보권 실행을 위한 '임의경매'도 있는데, 실제 절차는 거의 동일하다.[6] 경매는 '입찰'과 '낙찰', 그리고 그 대금을 물건의 소유자에게 돈을 받을 권리를 가진 자들(경매신청자 포함)에게 지급하는 '배당' 순으로 진행되며, 남은 금액이 있으면 재산의 원래 주인에게 돌려주게 된다.

---

4 이러한 민사집행법은 종래 민사소송법에 포함되어 있었으나, 2002년 분리 제정되었다.
5 국가에 의한 경매는 대개 돈을 갚지 못해 의무자의 재산이 강제로 팔리는 경우이다.
6 임의경매에 대해서도 "민사집행법"이 규정하고 있다(제3편).
7 입찰은 최저입찰가격 이상의 금액만이 유효하며 그 중 최고가를 제시한 사람이 낙찰자가 된다. 낙찰자가 없으면 '유찰'이 되며 최저입찰가격을 낮추어 다시 경매를 진행한다. 통상 경매에서 시가보다 싸게 물건을 살 수 있다는 이점은 이러한 경매진행방식 때문이다.

좀 더 알아봅시다 1: 법률정보조사

법을 확인할 때 가장 중요한 두 자료는 '법'과 '판결'이다. 예전에는 이 두 정보를 조사하는 것에 대해서도 어느 정도의 지식이 필요했지만, 지금은 인터넷의 발달로 검색창에 관련단어를 입력하는 것만으로도 쉽게 해당정보를 찾을 수 있다. 보다 전문적인 검색은, 법률은 국가법령정보센터(www.law.go.kr)에서, 판결은 대한민국법원종합법률정보(glaw.scourt.go.kr)[1]에서 할 수 있다. 해당자료는 활용이 제한되지는 않는다.[2] 다만 그 출처를 정확히 밝혀주는 것이 좋다. 법률의 경우에는 그 이름을 그대로 쓰거나 공인된 약칭을 사용하면 되고,[3] 판결의 경우는 '대법원 1996. 4. 12. 선고 93다40614 판결'과 같이 정확하게 이를 표시하여야 한다.[4]

법을 보다 적극적인 시각에서 접근하는 방식에는 법이나 판결에 대한 연구문헌, 소위 '논문'을 참조할 수도 있다.[5] 논문이란 특정학자의 개인적인 견해에 불과하지만, 다수의 지지를 얻거나 법원에 의해 채택되는 식으로 영향력을 행사하기도 한다.[6] 논문을 보고자 하는 경우 편당 저작권료를 지불하여야 할 수도 있는데, 대학과 같은 교육기관을 통할 경우 대개 무료로 이용할 수 있다. 논문검색에 편리한 곳을 예시로 들자면 한국교육학술정보원(www.riss.kr)을 들 수 있겠다. 논문은 저작권에 의해 보호되는 자료이기 때문에 그 활용에 있어 제한을 받는다. 특히 논문의 내용을 출처를 밝히지 않고 무단으로 사용하는 경우 '표절'이 되며, 이에 대해서는 형사적인 제재 뿐만이 아니라 민사적인 손해배상청구 등이 따를 수도 있다.[7]

법률정보조사 과정을 예를 들어 설명하면 다음과 같다.

착각에 빠져 계약을 체결한 경우, 계약의 당사자들은 이 착각이 계약에 어떠한 영향을 미치는지를 알고 싶을 것이다. 착각에 빠진 쪽은 계약을 무르고 싶을 테고, 반대로 그 상대는 그러한 사정으로 인해 계약에 문제가 생기는 것을 원하지 않겠지만, 공통적으로 그 기준에 대해서 궁금할 것이다. 이 경우 관련 법규정을 찾는 것이 우선이다. 마침 우리 민법 제109조는 착오로 인한 의사표기로 계약이 성립한 경우 이를 취소할 수 있도록 하고 있다. 검색창에

---

1 헌법재판소의 결정은 빠져있다. 앞서 언급한 헌법의 위상과 역할에 비추어서도 헌법재판소의 결정내용에 대해 알 필요가 있는데, 이에 대해서는 헌법재판소(www.ccourt.go.kr)를 참조하면 된다.

2 우리의 것이기도 하거니와, 저작권법의 보호대상에도 해당되지 않는다("저작권법" 제7조).

3 예를 들어 "약관의 규제에 관한 법률"은 줄여서 "약관법"이라고 칭할 수 있다. 국가법령정보센터에서 이를 확인할 수 있다.

4 헌법재판소의 결정은 '헌재 2004. 10. 21. 선고 2004헌마554, 566 결정'식으로 쓴다.

5 논문은 누구나 쓸 수 있지만 대개 박사학위를 가진 학자들이 주로 작성한다. 법의 실용적인 성격에 따라 실무를 담당하는 법조인들도 논문을 발표하는 경우가 많다.

6 사실 법원의 판결도, 특히 법에 대한 해석에 있어서는, 법원의 개인적인 견해라고도 할 수 있지만, 실제 분쟁해결의 기준이 됨으로써, 그리고 그 집적을 통해 판례법리를 형성함으로써 매우 큰 의미를 가지게 되는 것이다. 법원의 판결도 때로 잘못될 수도 있고, 시간이 지나면 변경될 수도 있는데, 이 경우 관련분야에 대한 특정학자의 개인적인 견해들이 영향을 미치기도 한다.

7 저작권은 지식재산권의 일종으로 물건에 대한 소유권처럼 저작물에 대한 직접적인 지배를 미치는 권리로 "저작권법"에서 이를 규정하고 있다.

민법을 검색한 후 해당조문을 살펴볼 수 있다.

그런데 실제 마주한 민법 제109조는 어느 쪽에 대해서도 명확한 답변을 주지는 못할 것이다. 법은 대개 추상적이기 때문이다. 이 규정의 의미를 보다 명확하게 알려면 실제로 이 규정이 적용된 판결례, 특히 대법원의 판결을 찾아볼 필요가 있다. 대한민국법원종합법률정보에 가서 '착오'나 '민법 제109조'를 검색하면 된다. 이렇게 검색된 판결은 매우 많을 것이기에[8] 이를 선별하기 위해서는 좀 더 많은 경험이 필요하다. 해당주제에 대해서 정리해 둔 시중에 있는 민법교과서나 인터넷자료의 관련부분을 찾아보는 것이 큰 도움이 되는데, 이렇게 재가공된 자료는 가공자의 생각이 반영되어 있으므로 주의할 필요가 있다.

실제 해당조문과 판결례를 찾아보면, 이 문제에 대한 기준을 명확한 기준을 발견하기보다는, 아마도 '귀에 걸면 귀걸이, 코에 걸면 코걸이'라는 옛말을 가장 먼저 떠올리게 될 것이다. 구체적인 사건을 해결해야 하는 법원의 판결은 어느 정도 그러한 모습을 띄는 것도 분명한 사실이다. 그리고 착오는 우리법에서 가장 정리되지 않고 어려운 영역 중 하나로 꼽힌다. 그만큼 단정적인 결론을 내리기 쉽지 않다는 뜻이다. 이는 우리 민법 제109조가 태생적으로 상대방에게 피해를 줄 수 밖에 없는 구조로 대법원이 취소여부를 결정함에 있어 법조문을 변형하여 적용하고 있기 때문이기도 하다.[9] 나아가 법조문으로 존재하지 않는 새로운 기준 역시 전혀 구체화되어 있지 않다는 점도 큰 문제로 지적될 수 있다.[10]

보다 명확한 기준은, 어쩌면 논문에서 찾을 수 있을지도 모른다. 이러한 논문들은 기존의 법제도나 대법원의 태도의 문제점을 해결하기 위해 새로운 시도를 하기 때문이다.[11] 이를 통해 원하는 방안을 얻거나, 더 나아가 이러한 새로운 시도가 법원에 의해 받아들여 기존의 것과 다른 법리를 만들어낼지도 모를 일이다. 논문 역시 주제나 해당 조문를 중심으로 검색할 수 있다.[12] 논문은 교과서와는 달리 정리보다는 주장이 강하게 담겨있어 그 취급에 더욱 주의를 요한다.[13]

---

8 단순히 착오라고 검색한 경우는 민법 제109조뿐만이 아니라 다른 판결, 특히 형사법에서의 착오와 관련된 판결이 더 많이 나올 것인데, 이는 계약취소하고는 전혀 다른 문제이다.
9 이러한 방식은 법을 해석하고 적용해야 하는 법원이 실정법규정의 내용을 도외시하고 있다는 점에서 큰 문제가 있다고 할 것이다.
10 이런 문제 때문인지, 실제로 변호사실무에서도 착오를 바탕으로 취소를 주장하는 것을 상당히 꺼리고 있다고 한다.
11 이러한 시도는 법의 해석범위 안에서 이루어져야 한다. 그렇지 않을 경우에는 이는 새로운 입법과 마찬가지이고, 특히 법원이 그 범위를 넘어 해석하는 것은 삼권분립에도 반한다. 법에 문제가 있는 경우는 법 자체를 바꾸는 것이 가장 효과적이겠지만, 이는 현재의 법적용단계에서는 취할 바가 못 된다. 때문에 법에 대한 연구는 해석론을 최우선으로 한다. 물론, 새로운 세상을 위해 입법제안을 하는 것은 얼마든지 가능할 것이다. 실제로 법을 연구하는 학자들의 경우에도 해석론을 넘어 입법론을 중점적으로 다루기도 한다.
12 판결과 마찬가지로 적절한 논문을 찾는 데에는 많은 경험이 필요하다.
13 단순히 원하는 방안을 찾는 것에서 그치지 않고 이 문제에 대한 균형잡힌 시각을 갖기 위해서는 해당주제에 관한 다양한 관점의 논문을 서로 비교하면서 읽어나가는 것이 필요하겠다.

CHAPTER II 사람과 물건과 행위와 법

민법에서 민법전은 가장 일반적인 내용을 담고 있는 핵심이다. 그러한 민법전은 총칙, 물권, 채권, 친족, 상속의 5편으로 구성되어 있고, 총칙에서는 이 중에서도 가장 일반적이고 공통적인 내용이 규정되어 있다. 따라서 총칙의 내용을 잘 이해하는 것은 민법전을 넘어 민법을, 더 나아가 전체 법질서를 이해하는 데 큰 도움이 된다. 실제로 민법 총칙편에는 법 전반에 걸쳐 가장 일반적인 내용들이 규정되어 있는데, 권리의 주체인 사람(제2장, 제3장), 그 객체인 물건(제4장), 그리고 행위(제5장)가 대표적이고, 시간의 계산법(제6장)이나 권리의 소멸(제7장)과 같은 내용을 다루기도 한다.

2001 뭐든 적당히 상식적으로

우리 민법의 제1편 총칙은 2개 조문으로 구성된 제1장 통칙으로 시작한다. 제1조는 민법의 법원(source of law)에 대해서 규정하고 있고 제2조는 '권리의 행사와 의무의 이행은 신의에 좇아 성실히 하여야 하고 권리는 남용하지 못한다'는 이른바 **신의성실의 원칙(신의칙)**을 선언하고 있다.[1]

신의성실의 원칙은 법률관계의 당사자가 상대방의 이익을 배려하여 형평에 어긋나거나 신뢰를 저버리는 내용 또는 방법으로 권리를 행사하거나 의무를 이행하여서는 아니 된다는 추상적 규범으로,[2] 문언만으로는 권리의 행사와 의무의 이행에 관한 것으로 보이지만 실제에 있어서 민법의 전영역에 있어서 어마어마한 영향을 미치고 있다. 그 영역에 따라, 사정의 변경으로 더 이상 기존의 법률관계를 인정할 수 없다는 **사정변경의 원칙**, 앞선 행위와 반대되는 행위는 인정될 수 없다는 **모순행위금지(금반언)의 원칙**, 오랜 기간 행사되지 않은 권리는 더 이상 인정할 수 없다는 **실효의 원칙**, 권리도 남용되지 않아야 한다는 **권리남용금지의 원칙** 등으로 기능하는데, 실정법에 의해서 인정되는 권리의 행사가 제한되는 등[3] 이미 마련된 법질서가 수정되기도 한다.

실정법에 의해서 인정되는 내용이 신의성실에 의해서 변경될 수 있기 때문에, 신의성실은 그것이 아무리 상식에 가깝다고 하더라도, 이를 함부로 적용시켜서는 아니 된다. 실정법 역시 상식에 부합되도록 운용되어 왔기 때문에 신의성실에 많은 부분을 의존할 필요가 없다. 오히려 경계해야 할 것은 이미 존재하는 법질서가 사후적인 신의성실의 적용으로 함부로 훼손되지 않도록 하는 것이다. 그럼에도 모든 법제도들이 결국 신의성실의 한도에서 운용될 수밖에 없다는 점도 잊어서는 안 된다. 뭐든 '적당히 상식적으로'여야 하는 것이다.

---

1 이 외에도 민법 제150조 등에서 같은 기준을 확인할 수 있다.
2 대법원 2006. 6. 29. 선고 2005다11602, 11619 판결.
3 서로 상충되는 이익을 누리고 있는 사람과 사람 사이의 관계의 속성상, 권리행사의 제한도 보는 관점에 따라 자유를 제한하는 동시에 자유를 실현하기도 한다.

신의성실과 법의 3대 이념

법에서 가장 중요한 가치는 **정의**이다. 무엇이 정의인지는 무척이나 어려운 문제일 수 있지만, 법에서의 정의에 가장 가까운 것은, 아마도 '상식'일 것이다.[4] 법은 상식을 지향하여야 하지만, 때때로 상식에 맞지 않는 경우도 있을 수 있다. 이 경우에도 비상식적인 법논리에도 불구하고 상식적인 결론을 내리게 할 수 있는 근거가 바로 민법에서는 신의성실이다. 이는 법의 경직성의 해소하고 **구체적 타당성**을 실현하는 방안이기도 하지만, 동시에 법은 모든 경우에 일관되게 적용되어야 한다는 **법적 안정성**을 해하는 결과를 가져올 수도 있다.[5]

'법적 안정성'과 '구체적 타당성'은 '정의'와 함께 법의 3대 이념으로 이야기되어지는 것들이다. 그러나 정의를 좇는 과정에서 법적 안정성과 구체적 타당성은 항상 충돌할 수밖에 없고, 이 두 가지 가치를 잘 조정하는 것이 법의 운용에 있어 가장 어렵고도 중요한 문제가 될 것이다. 법의 영역에 따라서도 차이를 보일 수밖에 없는 부분이다. 예측가능성과 같은 법적 안정성이 무엇보다도 중요하게 받아들여지는 형사법의 경우에는 신의성실과 같은 가치에 의해서 실정법 질서의 결론이 바뀌는 것은 절대 용납되지 않는다. 민사법에서는 이러한 접근이 가능하지만, 이 경우에도 그 적용은 최소한에 그쳐야 할 것이다.

---

4 우리 민법에서도 제1조에서 문제해결의 마지막 기준으로 '조리(상식)'를 제시하고 있다.
5 말하자면 '양날의 검'과 같은 것이라고도 할 수 있다.

2101 법의 세상에서는 오직 사람만이 주체입니다

민법 총칙은 단지 2개 조문으로 구성된 통칙 다음으로 제2장과 제3장에서 두 종류의 사람부터 규정하고 있다. 이들 **사람**만이 법의 세계에서 권리와 의무의 주체가 될 수 있다(**권리능력**).

민법에서는 사람, 즉 **인(人)**은 생존한 동안 권리와 의무의 주체가 된다고 규정하고 있다(제3조). 언제부터 언제까지 생존한 것인지 그 경계를 설정하기 쉽지 않다. '태아'는 사람이 아니므로 생명임에도 권리의 주체가 되지 못하는데,[1] 어느 시점에 태아에서 사람이 되는지는 형사법에서는 '진통시'로 보는데 반해, 민사법에서는 '전부노출시'를 기준으로 하고 있다. 사람의 사망시는 '심장박동정지시'를 기준으로 하고 있으나, '뇌사'로 인해 조금 복잡한 형상을 띄고 있다.[2] 참고로, 사람이 죽어 '사체'가 되면 권리와 의무의 주체가 되지 못하고, 법적으로는 물건이 되지만, 일반적인 물건과는 달리, 법적으로 다른 취급을 하고 있다.[3]

법인(法人)은 말 그대로 법에 의해서 인정되는 인(人)이다. 일정한 요건을 갖추어 법인의 성립이 인정되면 즉 살아숨쉬는 사람과 마찬가지로 권리와 의무의 주체가 되는데, 그 목적 범위 내에 한한다(민법 제34조). 법인은 재산이냐 사람의 집단이냐에 따라 재단법인과 사단법인, 존재목적에 따라 영리법인과 비영리법인으로 나눌 수 있다.[4] 법인의 가장 대표적인 예인 회사는 "상법"에서 별도로 정하고 있고,[5] 그 외 다른 법인들도 특별법이 적용되어[6] 민법이 적용될 여지는 협소하다. 그럼에도 민법에서는 법인이라는 조직의 가장 기본적인 내용을 다루고 있다. 일반적인 사람에 비해 규정이 많은 것도 법인이 사람과 마찬가지의 기능을 하도록 여러 기관이 존재해야 하기 때문이다.[7] 특히 등기를 반드시 필요로 한다(민법 제33조, 제52조, 제85조). 설립등기를 하지 않은 경우는 법인이 아니므로, 주체로서 다루어지지 않지만, 그 단체성이 인정되는 경우,[8] 명문의 규정에 의해 소송상 당사자능력("민사소송법" 제52조)과 등기능력("부동산등기법" 제26조)은 인정되고 있다.

---

1 다만, 예외적인 경우에, 출산을 전제로, 권리능력을 인정하기도 한다. 예컨대 민법 제762조(손해배상청구권에 있어서의 태아의 지위), 민법 제1000조(상속의 순위) 제3항 참조.
2 뇌사판정에 대해서는 "장기 등 이식에 관한 법률"에서 정하고 있다.
3 예컨대, 형법에서는 사체를 유기하거나 손괴한 경우를 별도로 처벌하고 있다(제161조).
4 우리법은 재단법인이 영리인 경우를 인정하지 않으므로 재단법인은 모두 비영리법인이다.
5 회사는 사단법인이자 영리법인이다.
6 공익법인에 대해서는 "공익법인의 설립운영에 관한 법률"이 적용된다.
7 대표적으로 이사, 총회, 감사 등이 있다.
8 이를 사단이냐 재단이냐에 따라 '비법인사단(법인 아닌 사단)' 혹은 '비법인재단(법인 아닌 재단)'이라고 한다. 현실에서는 많은 비법인사단이 존재하는데, 법인등기를 하지 않은 종중이나 교회 등이 그 예가 된다. 특히 비법인사단이 물건을 소유할 때는 총유로 한다(민법 제275조).

새로운 권리의 주체들

'동물권'이라는 표현은 우리에게 더이상 낯선 것이 아니다. 그러나 사람만을 권리의 주체로 삼아온 현행법 하에서 **동물**이 권리의 주체가 될 수 있는지는 어려운 문제이다. 동물이 사람과 마찬가지로 스스로 권리를 주장하는 것은 생각하기 어렵겠지만, 그렇다고 동물이 일정한 권리, 예컨대 생명권과 같은 것을 누리지 못한다고 단정짓기는 쉽지 않다. 설령 동물에게 권리 주체성을 인정한다고 하더라도 동물의 권리 보호에 대해서는 또다른 논의가 필요할 것이다.[9]

인공지능(AI) 역시 최근에는 그 주체성이 문제되고 있다. 특히 인공지능이 그림이나 작품을 만들어낸 경우, 그것들은 누구의 것인지, 인공지능의 작용으로 인해 누군가에게 피해가 발생한 경우 인공지능에게 그 책임을 물을 수 있는지 등이 논의되고 있다. 현재까지는 인공지능에게 주체성을 인정하기는 어렵고, 결국 다른 구조물이나 기계의 경우와 마찬가지로, 인공지능 배후에 존재하는 사람에게 권리를 귀속시키거나 책임을 물을 수 있다고 할 것이지만, 이후 인공지능이 독자적으로 결정하고 행동한다면 이에 대한 새로운 판단을 해야 할지도 모를 일이다.

---

9 동물의 권리주체성은 동물이 물건인지 여부와도 관련이 있다. 현행법상 동물은 물건인데, 이 점에 대해서도 최근에 동물의 물건성을 부정하는 논의가 제기되고 있다. 이에 대한 인식의 전환이 앞으로 필요할지도 모른다.

2102 의미를 이해할 수 있어야 완전한 주체가 될 수 있어요

사람은 존재하는 것만으로도 권리의 주체가 될 수 있지만, 그 행한 바에 따라 법적인 효과를 인정하고 책임을 묻기 위해서는 자신을 둘러싼 세상, 특히 그러한 세상 속에서 관계를 형성해 나가는 스스로의 행위가 무엇을 의미하는지를 이해할 수 있는 능력이 필요하다. 이 능력을 **의사능력**이라고 하고 의사능력이 있는 경우에만 무언가에 대해서 책임을 질 수 있는 **책임능력**도 있는 것으로 본다. 그러한 능력이 없을 때는 어떤 행위를 했다고 하더라도 그 효력을 인정하지 않고, 설령 잘못된 행위로 남에게 피해를 끼쳤다고 하더라도 책임지지 않는다. 의사능력 혹은 책임능력이 있는지는 행위시마다 개별적으로 판단되는데, 민법 제753조, 제754조에서 책임능력이 없는 경우 배상책임이 없음을, 형법 제10조에서 책임능력이 없는 경우에 형사책임도 성립하지 않음을 명시적으로 규정하고 있다. 사람이 태어나서 그런 능력을 갖추기까지는 어느 정도의 시간이 필요한데 통상 만 14세 전후가 그때가 된다. 특히 형법 제9조에서 만 14세 미만자를 '형사미성년자'라 하여 처벌하지 않는다고 규정하고 있다.[1]

법인의 경우에는 의사능력과 책임능력은 당연히 문제가 되지 않는다. 법인의 행위는 그 효력이 인정되는 것은 물론,[2] 대표자의 직무상 행위로 인해 법인이 불법행위책임도 부담하게 된다(민법 제35조).[3] 다만 법인이 범죄를 저지를 수 있는지는 형사법의 오랜 논쟁거리이며, 형사책임은 매우 예외적으로만 인정되고 있는 실정이다.

---

1 형사의 특성상, 민사의 경우와는 달리 그 기준이 획일적으로 정해져 있고 그 연령의 적정성과 관련하여 많은 논의가 이루어지고 있다. 특히 만 10세 이상, 만 14세 미만인 경우를 '촉법소년'이라고 하는데, 이 경우는 형사처벌은 받지 않지만, "소년법"에 의해 보호처분은 받게 된다. 현실에서 촉법소년제도를 폐지하자거나 그 나이기준을 낮추자고 하는 논의는 사실 형사미성년자에 대한 것이다.

2 다만 대표자(주로, 이사)의 행위가 권한의 범위를 넘거나, 권한을 남용하여 사익을 추구하는 때(대표권남용)에는, 그 행위의 효력이 부정되기도 한다. 이사의 대표권제한은 정관에서 정하되, 등기하지 않으면 제3자에게 대항하지 못한다(민법 제60조).

3 직무상 행위인지는 행위의 외형에 따라 판단한다. 다만 피해자가 대표자의 행위가 직무상 행위가 아니라는 것을 알았거나 중대한 과실로 알지 못한 경우에는 법인의 책임이 배제되기도 한다(대법원 2004. 3. 26. 선고 2003다34045 판결).

사람의 고의와 과실

의사능력을 갖춘 사람은 자신의 행위의 의미 그리고 그 결과를 이해할 수 있다. 그 의미를 알고서 행하는 경우에는 **고의**가, 의미 혹은 결과를 알 수 있었음에도 불구하고 부주의로 미처 알지 못하고 행하는 경우에는 **과실**이 있다고 평가한다.[4] 고의와 과실은 특히 그 행위가 타인에게 피해를 주는 잘못된 것인 때에 의미를 가진다. 이들이 잘못된 행위에 대한 책임을 묻기 위한 토대로 활용되기 때문인데, 그래서 이들 양자를 **귀책사유**라고 부르기도 한다.

고의과 과실의 구별이 어려운 경우도 있다. 특히 양자를 구별하는 문제는 원칙적으로 고의범만을 처벌하는 형사법의 경우에 중요하게 다루어지는데,[5] 행위의 의미와 결과를 인식하였으나 이를 감수하고자 하는 경우에는 '미필적 고의'라고 하여 고의로 파악하고, 인식은 하였으나 설마 그럴 리가 있겠냐고 한 경우를 '인식있는 과실'이라고 하여 과실로 보아 구별하지만, 실제에 있어서는 이 두 가지의 구별이 쉽지 않은 경우가 많을 것이다.

사람

---

4 물론 어떤 행위는 고의 그리고 과실이 모두 없는 경우도 있는데, 이런 경우를 '(선의)무과실'이라고 한다.
5 형사법의 경우에 과실범은 명문의 규정이 있는 예외적인 경우에만 처벌한다. 개인과 개인 사이에서 발생하는 사적 책임의 경우에는 대개 과실만으로도 책임이 인정되므로 고의와 과실의 경계를 엄밀히 따지지 않는다.

2103 행위를 하기 위해서는 또 다른 능력이 필요합니다

개인과 개인 사이의 문제 즉 민사법에서 가장 중요시하는 부분 중 하나는 자신의 권리와 의무, 즉 법률관계를 스스로 자유로이 결정할 수 있다는 것이다. 특히 이러한 행위를 다른 경우와 구별하여 **법률행위**라고 한다.[1] 이를 위해 의사능력은 반드시 전제가 되어야 하겠지만, 법률행위 때마다 의사능력을 따져주는 것은 현실생활에서 매우 어려운 부분이다. 그래서 법률행위를 해도 되는 나이를 정책적으로 따로 정해두고 있다. 민법에서는 만19세 이상을 **성년**이라고 하고(제4조), 성년이 되지 못한 자, 즉 **미성년자**의 법률행위는 법정대리인[2]의 동의 없이 한 경우에는 미성년자 본인이나 법정대리인이 취소할 수 있다고 하여(제5조)[3] 이 나이에 이르지 못한 사람의 행위를 제한하고 있다. 이 경우 성년자는 법률행위를 할 수 있는 **행위능력**을 가지는 것이다.[4]

다만 민법에서는 권리만을 얻거나 의무만을 면하는 경우(제5조), 처분을 허락한 재산(제6조), 법정대리인에게 허락을 받은 특정한 영업(제8조)에서는 미성년자는 자유롭게 행위할 수 있도록 하고, 미성년자와 법률관계를 맺은 상대방에게 스스로를 보호하기 위해 확답을 촉구할 권리(제15조)와 철회권 혹은 거절권(제16조)을 부여하고 있다.

권리능력의 범위 내에서 의사능력 여부가 문제되지 않는 법인은 동일한 범위 내에서 행위능력도 인정됨은 목적에 의해서 만들어진 법인의 성격상 당연하다고 하겠다.

---

1 법적으로 의미를 가지는 행위에 법률행위만이 있는 것은 아닌데, 당사자의 자유의지대로 효과를 가지는 경우만을 법률행위라고 하여, 그 외 다른 행위들과 구별한다(대표적으로 관념이나 의사를 통지하는 것이거나, 무언가를 발견하는 것과 같은 사실행위가 있는데 이 경우도 법률행위에 준하여 '준법률행위'라고 한다). 실제 생활에서는 법률행위라는 용어는 거의 사용되지 않고 그 예들이 언급될 뿐이다. 가장 대표적인 법률행위에는 바로 당사자 쌍방의 합의로 이루어지는 '계약'이 있고, 이는 혼자만의 행위인 '단독행위'와 구별된다.
2 미성년자의 법정대리인은 통상 부모이다. 부모와 자식의 관계에 대해서도 민법이 규정하고 있는데(민법 제4편 친족/제4장), 부모는 미성년자인 자의 친권자가 되고(제909조), 친권을 행사하는 부모는 미성년자인 자의 법정대리인이 된다(제911조).
3 민법 제5조. 누가 취소할 수 있는지는 민법 제140조에서 정하고 있다.
4 그 나이에 이르러 행위능력이 인정되는 경우에는 대체로 의사능력이 있겠지만, 그럼에도 개별적으로 의사능력을 다투어 행위의 효력을 부정할 수 있기는 하다.

사람의 나이

나이는 우리의 생활에서 매우 중요한 역할을 한다. "소년법", "청소년보호법", "아동복지법", "공직선거법", "도로교통법" 등 다양한 영역에서 나이는 중요한 기준이 된다.[5]

그런데 우리사회에서는 '한국 나이'와 '만 나이'가 공존하고 있다. '한국 나이'는 태어나면서 1세, 해가 바뀌면 바로 2세가 되는 방식이다. 때문에 12월 태어난 아이는 태어나고 한달이 채 되지 않고서도 2세가 되기도 한다. 그에 반해 '만 나이'는 태어나서 1년이 지나면 1세가 된다. 세간의 오해와는 달리 공식적인 나이는 모두 '만 나이'에 따르며, 법에서 나이를 기준으로 할 때도 모두 그렇다. 어떤 법은 나이 앞에 명시적으로 '만'을 표기하기도 하지만, 그렇지 않은 경우에도 마찬가지이다.

세간의 오해를 피하기 위해서인지 최근 법을 개정하여 이를 분명히 하고 있다. 나이에 대한 계산법도 민법에서 규정하고 있었는데, 민법에서 나이는 출생일을 산입하여 '만 나이'로 계산한다고 한다(제158조).[6] 한 살 차이도 손위아래로 나누는 우리나라에 있어 '한국 나이'는 여전히 중요한 기준으로 작용하고 있지만, 법에서는 가장 공정한 방식인 '만 나이'를 기준으로 하고 있는 것이다.

---

5 나이는 구체적인 경우마다 다 다른 기준을 가지고 있지만(법에 따라 1월 1일을 기준으로 하는 경우가 있는데, 예컨대, "청소년보호법"에서는 청소년을 19세 미만으로 하되 19세가 되는 해의 1월 1일을 맞이하는 자를 그 대상에서 제외한다), 민사상 행위능력의 기준이 되는 만 19세는 많은 경우에 비슷한 기준을 제시하고 있다 우리 사회는 이 나이를 기준으로 독자적 주체와 보호받아야 할 주체로 나누고 있다고 할 수 있다. 미성년자는 친권에 의해 보호되고(민법 제913조), 형사적으로도 미성년자에 대한 범죄는 특별히 다루어진다(형법 제287조, 제302조 등).

6 동일한 내용은 "행정기본법" 제7조의2에서도 확인할 수 있다. 이 법은 종래 개별법들로만 이루어진 행정법 영역에서 그 동안 인정되어 온 기본적인 제도들을 성문화한 것으로 2021년 처음 만들어져 시행되었다.

2104 때때로 능력이 제한되기도 해요

우리의 경우에는 사전적으로 사람의 능력을 미리 제한할 수 있는데, 어디까지나 그러한 필요성이 있는 경우를 위한 예외적인 제도이고, 반드시 법원의 심판을 필요로 한다. 예전에는 금치산, 한정치산이라고 했던 제도들이 있었는데 2011년부터 민법에서는 **성년후견**(제9조), **한정후견**(제12조), **특정후견**(제14조의2)이 개시된 경우 일정한 행위를 함에 있어 후견인의 동의를 얻도록 하거나, 이미 이루어진 행위를 취소할 수 있도록 하고 있다. 미성년자의 경우와 유사하게 파악하는 것인데, 미성년자까지 포함하여 이러한 절차가 개시된 경우를 **제한능력자**라고 한다.[1]

능력 제한의 필요성이 인정되는 경우로 법에서는 **질병**, **장애**, **노령** 등을 들고 있다. 특히 노령의 경우는 의료기술의 발달로 기대수명이 늘어나고, 출생률의 저하로 고령화사회가 되면서 그 중요성이 매우 커지고 있다. 더 이상 예외적인 현상이 아니라 일반적인 사회문제로 인식되고 있으며, 관련된 사회적 논의도 지속적으로 이루어지고 있다.[2]

---

1 미성년자는 이미 능력이 제한되어 있으므로, 통상적으로 미성년자가 아닌 경우에 위와 같은 절차의 개시가 필요할 것이다.
2 노령화로 인한 능력의 쇠퇴로 고령자들의 운전면허를 제한 혹은 반납케 하자는 논의가 그 예가 될 수 있다. '노인'을 만 65세를 기준으로 하고 이를 위한 복지를 실현하고자 "노인복지법"이 제정되어 있기는 하나 이 법에서는 노인의 능력과 관련된 부분에 대한 내용은 포함하고 있지 않다.

제한능력제도와 후견

법원의 심판없이도 제한된 능력을 가지는 **미성년자**와, 법원의 심판에 의해 능력이 제한되는 **피성년후견인** 및 **피한정후견인**에게는 법에 의해 타인의 조력을 받도록 하고 있다. 미성년자에게는 대표적으로 친권자인 부모가 그 역할을 하게 되는데, 성년자에게는 친권자가 없으므로[3] 별도의 후견인을 선임하여야 한다.[4]

후견에 대한 규정 역시 최근의 제한능력제도의 정비와 때를 함께 하여 대폭 보완되었다. 민법에서 친족과 관련하여 규정을 두고 있는데(민법 제4편 친족/제5장), 완전히 새로운 제도가 도입되었다고 할 만큼 많은 내용이 보완되었다. 제1절에서는 미성년자에게 후견인이 필요한 경우와 성년후견이 개시된 경우, 제2절에서는 한정후견과 특정후견이 개시된 경우, 그리고 제3절에서는 당사자가 자유롭게 후견인을 선임하여 활용할 수 있는 '후견계약'도 인정하고 있다.[5]

사람

---

3 성년의 경우 부모가 생존하고 있어도 친권은 성년이 되는 시점에 소멸한다(민법 제909조 제1항 참조).
4 민법 제929조, 제959조의2, 제959조의9. 참고로, 미성년자의 경우에도 친권자가 없거나 친권의 행사가 제한되어 있는 경우에는 후견인을 선임하여야 한다(민법 제928조). 후견인의 선임은 법원이 한다(민법 제932조, 제936조, 제959조의3).
5 법의 규정에 의해 후견이 개시되는 '법정'후견의 경우에는 후견인을 법원이 선임하는 데 반해, 후견계약과 같은 '임의'후견의 경우는 최소한의 관리감독을 위해, 다른 후견의 경우에는 필요한 경우에만 인정하는, 후견감독인의 선임이 필수이다(민법 제959조의14 제3항).

2105 살아있는데 법적으로는 죽기도 합니다

사람의 능력이 없다고 하더라도 살아있다면 권리능력이 인정되어 권리와 의무의 주체가 된다. 그런데 사람이 죽지 않았음에도 때로는 죽은 것으로 취급되는 경우가 있다. 그것은 사람이 권리와 의무의 주체가 된다는 것이 온전히 개인의 문제가 아니라 사회 속에서 인정되는 것이기 때문일 것이다.

사람이 주소나 거소를 떠난 경우를 **부재**라고 하는데,[1] 부재중인 사람이 일정기간 생사가 불명하면 이해관계인의 청구에 의해 법원은 **실종**선고를 하게 된다. 실종선고가 이루어지는 경우에는 일정기간이 만료한 시점에 사망한 것으로 본다(민법 제27조, 제28조). 실제로 그 사람이 다른 지역에서 생존하고 있었다고 하더라도 마찬가지이다. 이러한 사망의 효과는 법원에 의하여 실종선고가 취소되지 않는 한 없어지지 않는다.[2] 사망이 되면 이에 따라 기존의 법률관계가 종식되기도 하고,[3] 누군가는 새로운 권리를 취득하기도 한다.[4]

---

1 주소지를 떠난 부재자의 재산은 이해관계자의 보호를 위하여 일정한 경우 법원이 그 관리에 개입하게 된다(민법 제22조-제26조).
2 반대증거에 의해서 효과를 뒤집을 수 있는 '추정'과는 달리, 법에 의해서 효과가 '간주'되는 경우이기 때문이다. 동일한 위난으로 2인 이상의 사람이 사망한 경우에는 동시에 사망한 것으로 추정한다는 민법 제30조와 "가족관계의 등록 등에 관한 법률"에 의해 인정되는 '인정사망'은 그 효과가 반증으로 번복될 수 있는 '추정'이다.
3 예컨대 대리권이 소멸한다(민법 제127조).
4 사망에 따른 가장 대표적인 효과 중 하나는 바로 상속이다(민법 제997조). 상속은 민법에서 규정하고 있는데(민법 제5편) 사람(피상속인)이 사망하였을 때, 그가 가지고 있는 재산에 관한 권리와 의무 일체를 다른 사람(상속인)이 이어받는 것을 말한다. 제5편 상속은 법률의 규정에 의한 제1장 상속, 피상속인의 의사에 의한 제2장 유언, 유언으로 침해할 수 없는 상속인의 권리인 제3장 유류분으로 구성된다.

사람의 주소

사람의 생활의 근거가 되는 곳이 **주소**이다(민법 제18조). 주소는 사람과 관련된 다양한 경우에 그 기준이 된다. 부재와 실종도 주소지를 중심으로 문제되고, 대개의 채무변제는 채권자의 현주소에서 하여야 한다거나(민법 제467조), 상속은 피상속인의 주소지에서 개시된다(민법 제998조). 소송에 대한 법원관할도 기본적으로 주소를 기준으로 결정된다("민사소송법" 제2조, 제3조, "형사소송법" 제4조 등). 주소가 없는 경우에는 **거소**를 주소로 보기도 한다(민법 제19조, 제20조).

대한민국의 국민은 누구나 태어나면서 주소 혹은 거소[5]를 중심으로 **주민등록**번호를 부여받게 되고,[6] 주소를 옮길 경우 해당지역의 단체장에게 이를 신고(**전입신고**)하여 주민등록표상 주소를 변경하도록 하고 있다. 이러한 사항을 규율하기 위해 별도의 "주민등록법"이 제정되어 시행되고 있다. 대표적으로 거주지를 이동하면 14일 이내에 전입신고하여야 하고(제16조),[7] 주민등록표는 법에 따라 열람하거나, 초본 혹은 등본을 교부받을 수 있다(제29조). 2022년부터는 전입세대확인서도 열람하거나 교부받을 수 있게 되었다(제29조의2).

---

5 주소와 거소를 함께 칭하여 '거주지'라고 한다.
6 "가족관계의 등록 등에 관한 법률"에 따른 신고에 의한다.
7 위반 시 과태료가 부과될 수 있다(제40조 제4항).

2106 나를 대신해 줄 사람이 있습니다

사람은 행위를 통해 자신의 법률관계를 형성해 나간다. 그러나 여러 가지 이유로 나 대신 다른 사람이 행위를 해 주기도 하는데, 이를 **대리**라 한다.[1] 대리는 주로 법률행위를 중심으로 이루어지므로 민법에서는 법률행위와 관련하여 규정하고 있다(민법 제1편 총칙/제5장 법률행위/제3절).

대리의 기본적인 구조는 **대리인**이 한 행위의 효과가 대리권을 부여한 **본인**에게 귀속되는 것이다(제114조). 원래 행위를 한 자에게 그에 대한 효과가 발생하는 것인데, 이것이 사회의 필요에 의해 분리되는 것이다. 행위를 직접 하는 당사자는 '대리인'이므로, 행위에 문제가 있는지 여부는 '대리인'을 기준으로 판단한다(제116조).[2]

행위자와 실제 효과가 귀속되는 자가 다르므로 대리인은 자신이 대리인임을 밖으로 표시하여야 하는데(**현명주의**), 그렇지 않은 경우에는 그 효과는 본인이 아니라 대리인에게 직접 귀속된다(제115조). 즉 대리인이 직접 자신의 행위의 당사자가 되어 그 행위에 대한 책임을 져야 한다. 만약 자신에게 권한이 없다면 결국 그 책임을 다하지 못하게 될 것이고 이에 따른 또다른 책임을 져야할 지도 모른다.[3]

---

1 법인의 경우에는 결국 사람이 그 행위를 대신해 줄 수밖에 없는데, 법인의 대표기관이 행위하는 경우에도 결국 대리의 법적 구조를 따를 수밖에 없을 것이다.
2 이런 점에서 대리는 단순한 '심부름꾼(사자)'의 경우와는 다르다. 대리인은 행위를 대신한다는 측면에서 의사능력 등 행위를 위해 필요한 기본적인 능력을 갖추고 있어야 한다. 우리법은 대리인은 행위능력이 있을 필요도 없다고 하지만(민법 제117조), 실제로 행위능력이 없는 대리인의 경우에는 대리권의 부여 자체에 문제가 생길 수가 있다.
3 예컨대, 대리인이 본인의 물건을 파는 행위를 했다고 하면, 대리인 스스로가 당사자가 되었을 때에는 본인의 물건을 실제로 그 물건을 넘겨줘야 하는 책임을 1차적으로 부담할 것이고, 결국 자신의 것이 아닌 물건이어서 넘겨주지 못하게 된 책임을 2차적으로 부담하게 된다.

법정대리

대리는 대리인에게 대리권을 주는 경우도 있지만(**임의대리**), 법률의 규정이나 법원의 선임에 의하여 대리권이 부여된 경우도 있다(**법정대리**). 민법에서 규정하고 있는 미성년자의 친권자인 부모(제911조), 후견인(제938조 등)이 대표적인 예이며, 더 나아가 부부도 일상의 가사에 대해 서로 대리권을 가진다(민법 제827조).[4]

임의대리는 '능력의 확장'이라고 할 수 있고, 법정대리는 '능력의 보충'이라고 할 수 있다. 실제 미성년자와 같은 제한능력자의 경우에는 법정대리인이 없이는 대부분의 경우 자신이 원하는 행위를 하지 못할 것이다.

이러한 법정대리는 기본적으로는 임의대리와 동일하지만, 법정대리가 좀 더 포괄적인 권한을 가지고 그 책임의 범위도 넓다.[5] 대리권의 범위가 본인의 의사에 달려있는 임의대리의 경우와는 달리, 법정대리의 경우에는 그 범위가 법률이나 법원에 의해 정해지므로 대리권 유무나 그 범위를 둘러싼 문제가 상대적으로 덜 발생한다고 할 수 있다.

---

4 이러한 내용들은 친족과 관련이 있어 민법 제4편 친족에서 규정하고 있다. 친족편은 제1장 총칙, 제2장 가족의 범위와 자의 성과 본, 제3장 혼인, 제4장 부모와 자, 제5장 후견, 제6장(삭제), 제7장 부양, 제8장(삭제)으로 구성된다.
5 대표적으로 대리인이 재차 대리인을 선임하는 '복대리'의 경우를 보면 그 차이를 분명히 알 수 있다. 민법 임의대리인의 복임권에 대한 제120조 및 제121조와 법정대리인의 복임권에 대한 제122조를 비교해 보라.

2107 대리권없이 대리하면 효력이 없습니다만

민법에서는 대리인이 대리권없이 대리행위를 한 경우(**무권대리**)에 대해서도 규정하고 있는데,[1] 본인에게 그 효력이 미치지 않는다고 정하고 있다(제130조).[2] 단순히 대리권이 없는 경우 뿐만 아니라 권한 외의 행위를 한 경우, 대리행위에 대한 제한사항, 예컨대, 자기계약이나 쌍방대리의 금지(제124조)를 위반한 경우에도 무권대리가 된다. 본인이 사후적으로 이를 승인(추인)하는 등 무권대리가 유효가 되지 못하면,[3] 이에 대한 책임은 대리인이 져야 함은 당연하다. 대리인은 상대방의 선택에 따라 행위에 대한 책임을 지거나 손해를 배상하여야 한다(제135조).

무권대리임에도 상대방의 보호를 위해 본인에게 그 효력이 미치는 경우가 있다. 민법에서는 '상대방에 대하여 타인에게 대리권을 수여함을 표시한 경우(제125조)', '대리인이 그 권한외의 법률행위를 한 경우(제126조)', '대리권이 소멸한 경우(제129조)'에 있어 상대방이 대리권의 존재를 신뢰할 수밖에 없었던 경우에는, 마치 대리권이 애초에 있었던 것처럼,[4] 본인이 책임을 지도록 하고 있다. 이를 **표현대리**라고 한다. 표현대리가 인정되는 경우에 본인은 자신의 뜻과는 상관없이 행위의 책임을 지게 되므로 자신의 대리인임을 사칭한 자에게 여러 법적 조치를 취할 수 있겠지만, 그렇다고 행위의 책임에서 벗어날 수 있는 것은 아니다.

---

1 민법 제115조에서 확인할 수 있듯이 대리인으로서 행위한 경우가 아니면, 행위의 효력은 행위자 스스로에게 미치게 되고, 이 경우는 무권대리의 문제가 아니라 무권리자가 행위한 경우에 해당할 뿐이다.
2 무권대리에 대한 규정은 법률행위 중 '계약'의 경우를 전제로 하고, '단독행위'의 경우는 상대방이 대리인이라 칭하는 자의 대리권없는 행위에 동의하거나 그 대리권을 다투지 아니한 때, 대리권없는 자에 대하여 그 동의를 얻어 단독행위를 한 때에 적용된다(제136조).
3 무권대리행위의 상대방도 스스로를 보호하도록 추인을 재촉하거나(제131조: 최고권), 자신이 한 행위를 무를 수 있다(제134조: 철회권).
4 '무권대리'와 구별하여 '유권대리'라고 칭할 수 있을 것이다.

권한부여(표시)의 위험성

나와는 상관없는 사람이 외부에서 한 행위로 인해 내 권리가 침해된다면 이 사회는 유지되지 못할 것이다. 다만 예외적으로 그러한 행위의 상대방의 신뢰를 보호하기도 하는데 표현대리가 바로 그 예가 된다.[5] 권한없는 자의 행위로 인해 내 권리가 침해되는 경우는 그 외에도 있을 수 있지만, 특히 대리의 경우는 표현대리로 인해 그 여지가 더 넓다고 할 것이다.

그런데, 결국 표현대리는 그 경우를 종합해서 살펴보자면 실제로 대리권이 부여되었거나, 아니면 그런 것과 같은 표시를 통해 잘못된 외관을 만든 경우에만 발생하게 된다. 물론 본인이 잘못했기 때문이라기보다는 상대의 신뢰를 보호하기 위함이 표현대리의 취지이지만, 평소 대리권 부여와 관련하여 신중함으로써 이와 같은 문제를 미연에 방지할 수 있다.

가장 주의해야 할 것은 대리권 부여의 전형적인 모습을 보여주는 위임장과 인감도장의 관리에 대한 부분이다. 이를 함부로 타인에게 제공하지 말아야 할 것이며, 설명 실제 대리권을 부여하기 위해 이를 제공할 경우에는 그 권한을 정확히 명시하고, 이후 이를 반드시 회수하여야 할 것이다. 최근에는 위임장이나 인감도장 제공시 필요한 인감증명서의 발급에서도 권한의 범위를 정하거나 그 유효기간을 짧게 인정하는 등 여러 제한을 두어 제도적으로도 이러한 문제에 대처하고 있지만, 그 최종적인 관리는 어디까지나 스스로의 몫이므로 평소 이런 부분에 대한 주의가 필요하겠다.

---

5 사람과 사람 사이의 행위로 인해 사회가 복잡하게 얽혀있는 경우 이와 같이 행위의 상대방을 보호하기 위한 제도가 나날이 늘어가고 있는 실정이다. 이는 외관에 대한 신뢰를 보호하기 위해서이기에 '외관법리'라고 하기도 한다. 이 경우 진정한 권리자가 보호받지 못하는 경우가 발생하므로, 어느 쪽을 더 보호할지에 따라 법의 태도가 달라질 수 있다.

2201 물건은 권리의 객체입니다

민법 총칙에서는 제2장과 제3장의 사람 다음으로 제4장에서는 **물건**을 규정하고 있다. 권리의 객체 중 가장 대표적인 것이라는 측면에서 권리의 주체 다음으로 이를 규정하고 있는 것에도 의미를 부여할 수 있을 것이다. 다만 권리의 객체에 물건만 있는 것은 아니다.[1]

민법에서는 물건을 **유체물 및 전기 기타 관리할 수 있는 자연력**으로 정의하고 있다(제98조). 유체물 외에도 관리가능한 자연력, 예컨대, 전기, 가스, 동력 등도 물건이 될 수 있다는 점에서 단순히 유체물만을 물건으로 취급하던 태도에서는 그 외연을 확장한 셈이다.

유체물이라고 해서 전부 다 물건이 되는 것도 아니다. 대표적으로 사람은 권리의 주체이지 권리의 객체가 되지 못한다.[2] 다만 사람을 제외한 유체물은 죄다 물건이다. 일상 생활에서 마주하게 되는 건물, 자동차 등은 모두 물건이지만, 살아 숨쉬는 동물도 현행법상 물건이다.[3]

---

1 우리 민법은 많은 경우 물건에 편중되어 규정하고 있다. 예컨대, 채권의 목적 혹은 종류를 규정함에 있어(민법 제3편 채권/제1장 총칙/제1절) 특정물, 종류물, 금전 등을 나열한 것이 그렇다. 상대에게 청구할 수 있는 권리인 채권이 위와 같은 물건들을 넘겨받는 것에만 한정되는 것은 당연히 아니다.
2 사람이 죽어 사체가 되면 물건이 된다.
3 다만 최근에는 동물권이라는 말이 심심치 않게 나오고 있는 것에서도 확인할 수 있는 바와 같이, 생명이 있는 동물이 다른 물건과는 구별되어야 한다는 점은 오히려 일반적으로 받아들여지고 있는 것 같다. 서구 유럽의 경우에는 이를 명문화하고 있는 나라가 많고, 우리의 경우에도 이러한 내용의 입법이 시도된 바 있는데, 최근의 예를 들자면, 그 내용은 다음과 같다. 2021년 민법 개정안 제98조의2(동물의 법적 지위) ① 동물은 물건이 아니다. ② 동물에 대해서는 법률에 특별한 규정이 있는 경우를 제외하고는 물건에 관한 규정을 준용한다.

물건이 아닌 권리의 객체

소유권 등 '물권'은 **물건**을 대상으로 이에 대한 직접적인 지배를 내용으로 한다.[4] 그런데 이 세상에는 물건 이외에도 대상에 대한 직접적인 지배를 내용으로 하는 권리들이 존재한다. 특히 **정신적 산물**에 대해 이와 같은 권리를 인정하는 것을 두고 우리는 '지식재산권'이라고 부르는데, 특허권과 저작권 등이 이에 해당한다. 그리고 어떤 권리는 또 다른 **권리** 그 자체를 객체로 하기도 한다.[5]

상대에게 일정한 내용을 청구할 수 있는 권리인 '채권'은 그 자체로도 물건이 아닌 행위(**급부**)를 대상으로 하고 있다. 이러한 행위에는 일정한 물건 이외에도 서비스의 제공을 대상으로 한 경우가 많고, 사람들은 매일의 일상 속에서 물건을 사는 것만큼이나 서비스를 이용하고 있다.[6]

그 외에도 권리의 종류에 따라 그 객체는 더 다양하다. 소유권이나 채권은 주로 재산적인 것을 내용으로 하지만, 인격권이나 부모로서 자식에 대해서 가지는 '친권'은 그 대상을 사람이라고 해야할 지도 모를 일이다.[7]

물건

---

4 물권이 '물건'을 직접 지배하는 성격의 권리이므로, 물건은 제1편 총칙이 아닌 제2편 물권과 밀접한 관련성이 있다고 설명되기도 한다.

5 질권은 재산권을 그 목적으로 할 수 있고(민법 제345조), 저당권은 지상권이나 전세권을 그 목적으로 할 수 있다(민법 제371조).

6 물건과 서비스, 즉 재화와 용역은 경제에 있어서도 필수적인 구성요소이다. 경제는 재화와 용역을 생산하고 소비하는 사람의 활동을 주된 대상으로 하기 때문이다.

7 친권은 부모가 자식에 대해서 가지는 권리 혹은 지위이므로 민법은 부모와 자와 관련하여 이를 규정하고 있다(민법 제4편 친족/제4장 부모와 자/제3절).

2202 세상의 물건은 부동산이거나 아니거나

물건은 여러 가지로 분류될 수 있는데, 우리 민법에서는 토지 및 그 정착물을 **부동산**이라고 하고(제99조 제1항), 그 외 모든 물건을 **동산**으로 규정하고 있다(제2항). 부동산 외에 모든 물건을 동산으로 파악하고 있으니 세상의 물건은 부동산이거나 동산이며 그 외 다른 물건은 존재할 수 없다. **토지**는 땅을 의미하고 정착물에는 대표적으로 **건물**이 있다. 글자 그대로 대개 부동산은 고정되어 있어 움직이지 못하고, 동산은 고정되지 않아 움직일 수 있는 것들인데, 정착물이 토지로부터 분리될 경우에는 더 이상 부동산이 아니게 되기도 한다.

부동산과 동산은 그 특징들로 인해 법적 규율에서 많은 차이를 보이는데, 우리의 경우 부동산은 등기되어 관리된다는 점이 가장 핵심적이다. 등기라는 별도의 매체를 통해 일률적으로 관리되는 만큼 이를 둘러싼 법률관계가 명확해진다. 주의할 것은, 동산 중에서도 등기(혹은 등록)를 통해 부동산과 마찬가지의 법적 규율을 하고 있는 것들이 있는데, 대표적으로 자동차, 선박, 항공기 등이 그렇다.

물건의 독립성과 단일성

물건은 그 독자성이 인정되어야 독립하여 권리의 객체가 될 수 있다. 그렇지 않은 경우라면 어디까지나 다른 물건의 일부로 다루어질 뿐이다. 토지는 구획을 나누어 서로 독립되어 있는데, 토지의 정착물들은 대개 토지의 일부로 다루어지지만, 대표적으로 **건물**은 토지와 별개의 부동산이 된다. 사실 하나의 물건으로 취급됨이 타당할 수 있는 것을 법률적으로 나누어 놓은 것이다.[1] 법률에 의해 하나의 물건을 나누어 놓은 또 다른 것에는 **집합건물**, 대표적으로 아파트가 있다. 아파트는 하나의 건물을 층과 벽으로 나누어 별개의 물건으로 삼고 있는데,[2] 당연히 별개의 물건은 별개의 권리의 객체가 되어 거래된다.

독립된 물건은 독자적으로 권리의 대상이 되는 것이 원칙임에도, 독립된 여러 개의 물건을 마치 하나의 물건처럼 다루어야 할 필요도 있다. 이러한 필요성이 인정되는 경우 예외적으로 여러개의 물건의 집합체를 **집합물**이라고 하여,[3] 그에 맞게 법적 규율을 하고 있다.[4]

---

1 이로 인해 우리의 경우 토지와 그 위의 건물이 별개의 권리의 대상이 되고, 이로 인한 법적 문제를 해결하기 위한 복잡한 법제도가 필요하게 되었다. 대표적인 것이 바로 '법정지상권'이다. 법정지상권은 건물을 구입한 사람이 토지에 대해 권리가 없을 경우(권리없이 남의 토지 위에 건물을 가지고 있을 수가 없다), 법에서 일정한 이용권을 부여하는 제도이다. '법정'이라는 글자에서 알 수 있다시피, 이는 당사자의 자유의지와는 무관하다.

2 이 경우 아파트의 존립을 위해 필요한 토지는 아파트의 구분소유자들이 공유하는 것으로 본다(이에 대해서는 제215조에서 규정하고 있고, 별도로 "집합건물의 소유 및 관리에 관한 법률"이 제정되어 그 특유한 문제들을 규율하고 있다). '공유'는 하나의 물건에 대해 여러명의 소유자가 존재하는 경우로, 하나의 권리를 지분별로 귀속시키고 있다. 민법에서는 이러한 공동소유를 소유권과 관련하여 규정하고 있다(민법 제2편 물권/제3장 소유권/제3절). 공유(제262조) 이외에도 '합유(제271조)'와 '총유(제275조)'를 공동소유의 유형으로 인정하고 있다.

3 두 개의 물건이 합쳐져 하나가 된 경우, 즉 '합성물'의 경우는 하나의 물건으로 취급될 뿐이다. 이렇게 합쳐지는 경우에 새롭게 형성된 물건이 누구의 소유인지가 결정되어야 하는데 민법은 소유권의 취득의 내용으로 이를 정하고 있다(민법 제2편 물권/제3장 소유권/제2절). 물건에 물건이 합쳐지는 '부합(제256조, 제257조)' 이외에도 물건이 섞이는 '혼화(제258조)'도 있고, 물건이 합쳐지거나 섞이는 것이 아닌 '가공(제259조)'의 경우에도 마찬가지의 문제가 발생하는데, 이 세가지 경우를 합하여 '첨부(제260조, 제261조 참조)'라고 한다.

4 이와 관련된 법으로는 대표적으로 "공장 및 광업재단 저당법"이 있다. 그 외에도 우리 법원은 양식장의 뱀장어무리, 돼지우리의 돼지떼 등을 집합물로 보아 이에 대한 담보권을 인정한 바 있다.

2203 대체가능하거나 그렇지 않거나

물건은 대체가능한지 여부에 따라서도 **대체물**과 **부대체물**로 나누기도 한다. 세상에 하나 뿐인 부대체물인 경우에는 아무래도 그 취급이 특별해질 수밖에 없을 것이다. 부대체물이 세상에서 없어지는 경우에는 이를 대신할 수 있는 것은 없으므로 이를 둘러싼 모든 법률관계들이 종료되고, 만약 그러한 물건의 소유권을 넘겨주기로 했는데 그 물건이 깨지거나 화재 등으로 소실된 경우에는 이를 실현할 수 없게 된다.

대체로 부동산은 부대체물에 해당한다. 똑같이 생긴 건물이나 똑같은 구조의 아파트도 있지만, 모두 별도의 지번을 가지고 있고 다른 물건으로 대체될 수 있는 것이 아니다. 동산의 경우에도 당연히 부대체물이 있지만,[1] 실제 생활에서 많이 취급되는 공산품들은 대개 대체물이다.[2]

---

1 예컨대, 그림 등 미술작품 같은 것이 그렇다.
2 예컨대, 노트북, 핸드폰, 볼펜 등이 예가 될 수 있다. 물론, 사용되어 중고가 된 경우는 달리 보아야 할 것이다.

특정물과 선관의무

대체물인지 여부는 자연적으로 결정되는 것으로 그것 자체로도 법적인 의미를 가질 수 있지만,[3] 통상 거래에 있어 당사자의 의사에 의해 결정되는 특정물인지 여부가 더 중요하다. **특정물**은 거래의 대상으로 당사자에 의해 지정된 물건으로 다른 물건으로 바꾸지 못하는 것이 원칙이다. 당사자의 의사가 불명확한 경우에는 부대체물이 특정물이 된다.

특정물 이외에는 종류에 의해서 지정되는 **종류물**이 있는데,[4] 종류물의 경우에는 거래를 위해 가지고 있던 물건이 소실되더라도 다른 물건으로 그 거래에 임해야 한다.[5] 민법에서는 종류물을 거래하는 경우에도 이행에 필요한 행위를 완료하거나 상대의 동의를 얻어 이행할 물건을 지정한 때에는 특정물과 마찬가지로 보고 있지만(제375조 제2항), 그리고 나서도 물건에 문제가 생긴 경우 다른 물건으로 대신할 여지가 있기에 그 취급이 특정물의 경우와는 구별된다고 할 것이다.

특히 특정물을 넘겨주어야 하는 경우에는 민법에서는 그 물건을 현재 가지고 있는 자가 설령 소유자라고 하더라도 이에 대해 **선량한 관리자의 주의의무(선관의무)**로 이를 보존하여야 한다고 정하고 있다(제374조). 원래 소유자가 자신의 물건을 어떻게 관리하든 자유지만, 그것이 타인의 권리의 대상이 되어 있는 경우에는 자기의 재산처럼 다루어서는 안 된다는 뜻이다.[6] 이 외에도 특정물인지 여부는 다양한 곳에서 의미를 가진다.[7]

---

3 예컨대, 민법에서 규정하고 있는 계약 중 '소비대차'는 대체물을 그 대상으로 하여 '사용대차'나 '임대차'와 구별된다(제598조, 제609조, 제618조 참조).
4 특정물의 반대는 불특정물이겠지만, 거래시에는 어느 정도의 구체적인 내용이 확정되어 있어야 할 것이다. 아무 물건이나 달라고 하는 거래는 법적인 의미를 갖기 어려울 수도 있을 것이다. 우리 민법은 채권의 목적에 있어 그 대상물에 따라 특정물, 종류물, 금전을 규정하고 있다(민법 제3편 채권/제1장 총칙/제1절).
5 이를 의무자에게 '조달의무'가 있다고 표현하기도 한다.
6 나아가 이는 상대에 대해 의무를 부담하는 대부분의 사회생활에서 가져야 하는 주의 정도로 '과실'판단의 기준이 된다. 이에 반해 민법의 규정만 보더라도 '자기재산과 동일한 주의' 정도가 요구되는 경우도 있는데(무상수치인의 주의의무에 대한 제695조, 친권자의 주의의무에 대한 제922조, 상속인의 상속재산을 관리하는 경우의 주의의무에 대한 제1022조 등), 일반적으로 선관주의가 요구되는 경우에 비해 주의의 정도가 경감된 것으로 평가한다.
7 민법 제462조, 제467조, 제580조~제581조 등에서 확인될 수 있는데, 이는 결국 대체가능성 여부와 관련되어 있다.

2204 금전은 물건일까요?

금전은 유체물이라고 단정짓기 어렵다. 지폐나 동전과 같은 것이 아니라 그 가치 자체가 금전이기 때문이다. 실제로 현실에서는 계좌, 가상화폐 등에서 확인할 수 있듯이 금전이 현실에 존재하지도 않는다. 관리가능한 자연력인지도 의문이다. 다만 유체물이 아닌 경우에도 물건을 인정하는 것으로 보아 금전의 경우도 마찬가지의 이유로 물건으로 볼 수 있을지도 모른다. 특히 그 경제적 가치를 생각하면 더욱 그렇다. 현재 우리법에서는 금전을 물건으로 파악하고 있는 듯하다.[1] 물건인데 부동산은 아니므로, 금전은 동산이다.

그러나 금전을 그 특징으로 인해 단순한 물건 혹은 동산으로만 취급할 수는 없다. 실제로 금전에 대해서는 별도의 특별한 규정을 두고 있다. 민법을 중심으로 살펴보면, 채권의 목적이 어느 종류의 통화로 지급할 것인 경우에 그 통화가 변제기에 강제통용력을 잃은 때에는 채무자는 다른 통화로 변제하여야 한다고 하고(제376조), 외화의 경우에도 마찬가지이다(제377조). 심지어는 외화의 경우 우리나라 통화로 변제할 수도 있다(제378조). 이는 모두 가치에 초점을 둔 내용들이고, 이에 따라 그 이행의 불능도 문제되지 않는 것으로 보고 있다. 또한 금전채무불이행의 경우, 손해배상액을 법정이율로 하고(그러나 법령의 제한에 위반하지 아니한 약정이율이 있으면 그 이율에 의한다), 채권자는 손해의 증명을 요하지 아니하고 채무자는 과실없음을 항변하지 못하도록 하고 있다(제397조). 선의취득에 있어 도품, 유실물의 특례도 금전의 경우에는 적용되지 않는 것으로 하고 있다(제250조 단서).

---

1 민법 여기저기에서는 금전을 물건의 한 예로서 규정하고 있다(예컨대, 민법 제101조, 제342조, 제598조 등). 형사적으로도 금전을 훔치거나, 잃어버린 금전을 주워서 가진 경우 절도죄(형법 제329조) 혹은 점유이탈물횡령죄(형법 제360조)가 성립한다. 두 경우 모두 재물을 그 대상으로 하는데, 이 경우 재물에는 관리할 수 있는 동력도 포함된다(형법 제346조, 제361조).

금전의 점유에 있어서의 특수성

'점유가 있는 곳에 소유가 있다'는 금전의 경우에만 적용되는 말이다. 일반적인 물건의 경우에는 점유에 따라 소유가 영향을 받지 않는다. 오히려 내 소유의 물건을 타인이 점유하고 있는 경우에는 소유자는 자신의 물건을 점유한 자에 대해 물건의 반환을 청구할 수 있다(민법 제213조). 그런데 금전의 경우에는 점유자가 곧 소유자가 되므로 위와 같은 주장을 하지 못하게 된다. 그렇다면 원래 그 금전의 소유자였던 자는 어떻게 그 금전의 반환을 청구할 수 있을 것인가?[2] 타인의 재물을 보관 중인 자가 그 재물을 가로챈 경우 횡령죄(형법 제355조)가 성립하는데 금전의 새로운 소유자는 그 금전을 마음대로 사용해도 되는 것일까?

반대로, 점유가 있는 곳에 소유가 있다는 점을 관철하면, 더이상 점유를 하지 않게 되면 소유권을 상실하게 되는 것일까? 그렇다면 누군가가 잃어버린 돈은 누구의 소유도 아닌 '무주물'이 되고, 우리법상 동산인 무주물은 선점하면 소유권을 취득하므로(민법 제252조), 길에서 금전을 발견하고 이를 주워서 가져도 된다. 금전이 아닌 동산의 경우에는 소유자가 점유를 더 이상 하지 않아도 여전히 소유권이 원래 소유주에게 있으므로 이를 함부로 취하는 경우에는 절도죄(형법 제329조)나 점유이탈물횡령죄(형법 제360조)가 성립하는데, 금전의 경우에는 그 특성으로 말미암아 달리 보아야 하는 것은 아닐까?

---

2 남의 물건을 훔친 도둑도, 당연하게도 점유할 권리가 없음에도, 점유는 하고 있는 것이다. 내 돈을 가져간 도둑이 그 돈의 소유자가 되는 경우를 생각해 보라.

2205 물건끼리도 관계가 있습니다

물건 사이에도 주와 종의 관계가 성립될 수 있다. 서로 독립된 물건임에도 민법에 따르면 **종물(종된 물건)**은 **주물(주된 물건)**의 처분에 따른다(제100조). 종물이란 주물의 상용에 공하는 것이지만, 이는 상황에 따라 얼마든지 바뀔 수 있는 것이고,[1] 주물의 처분에 반드시 따를 것인지도 당사자의 의사로 이를 변경할 수 있을 것이다.[2] 또한 민법에서는 주물에 대한 저당권의 효력은 그 종물에 미치며 법률에 특별한 규정 또는 설정행위에 다른 약정이 있으면 그러하지 아니한다고 규정하고 있다(제358조).

민법에서는 물건의 용법에 의하여 수취하는 산출물은 **천연과실**로[3] 물건의 사용대가로 받는 금전 기타의 물건은 **법정과실**로[4] 하는데(제101조), 천연과실은 그 원물로부터 분리하는 때에 이를 수취할 권리자에게 속하도록 하고 법정과실은 수취할 권리의 존속기간일수의 비율로 취득하도록 하고 있다(제102조). 우리 법 여기저기서 과실을 누가 수취할 것인지에 대한 규정을 많이 두고 있다.[5] 이 역시 일반적으로는 당사자의 의사로 변경할 수 있다고 할 것이다.

---

1 핸드폰과 충전기의 관계를 생각해 보면 이해가 될 것이다.
2 당사자의 의사로 그 적용을 배제할 수 있는 '임의규정'이다.
3 예컨대, 키우는 돼지가 낳은 새끼이다.
4 예컨대, 금전에 대한 이자, 물건 사용에 대한 대가(차임)가 이에 해당한다.
5 민법의 경우를 보더라도, 점유자의 과실수취권에 대한 제201조, 유치권자의 과실수취권에 대한 제323조, 저당권이 저당부동산의 과실에도 영향을 미치는지에 대한 제359조, 매매에 있어 이행하지 아니한 물건의 과실에 대한 제587조 등.

권리의 관계

　권리 사이에도 주와 종의 관계가 성립하며, 주물과 종물에 대한 민법 제100조가 유추적용된다. 권리가 거래의 대상이 될 경우,[6] **주된 권리**의 처분에 **종된 권리**도 따른다고 할 것이다. 예를 들어, 건물과 토지가 별개의 물건으로 취급되는 우리의 경우에, 건물과 토지의 소유자가 다른 경우에는 반드시 건물의 소유자가 토지에 대한 이용권을 가지고 있어야 한다.[7] 만약 이 건물을 거래를 통해 처분하고자 한 경우, 토지에 대한 이용권도 함께 처분되어야 하며, 만약 당사자가 이를 미리 챙기지 못하더라도 토지에 대한 이용권은 건물에 따르게 될 것이다.

　권리에서 과실이 발생하는지는 명확하지 않다. 일반적으로는 **권리의 과실**은 인정하지 않고 주식배당금이나 특허사용료는 과실이 아니라고 하지만, 반대견해도 존재한다. 만약 과실이 인정된다면 그 과실의 귀속은 원물과 과실에 대한 민법 제102조의 경우와 마찬가지로 보지 않을 이유가 없을 것이다.

6　물건이 아닌 권리가 거래의 대상이 되는 경우도 당연히 있는데, 보다 정확하게는 물건이 거래의 대상이 된다고 하는 것도 대개 물건의 '소유권'이 거래의 대상이 되는 것이다.
7　그렇지 않은 경우 토지의 소유자는 건물주에게 자신의 토지를 돌려달라고 청구할 수 있다(민법 제213조 혹은 제214조).

2301 변화는 행위로부터

사람이 사회 속에서 살아가는 데 필수적인 것 중에는 소유 말고도, 거래를 들 수 있다. 소유를 바탕으로 자신이 원하는 것을 얻어나가는 것 또한 사람의 일생에서 많은 부분을 차지하는데, 이는 통상적으로는 거래를 통해서 이루어진다. 그리고 거래는 **행위**이다. 행위는 사람의 의식을 바탕으로 하므로 잠꼬대와 같은 무의식적인 것, 자유의지가 완전히 통제된 상태에서 이루어진 것 등은 행위로서 취급되지 않는다. 물론 행위에는 거래 이외에도 스스로 원하는 것을 창조해 내거나, 줍거나, 빼앗거나 등을 모두 포함하겠지만, 어느 경우나 거래에 비해서는 드문 예가 될 것이고, 특히 빼앗는 것과 같은 행위는 사회의 존속을 위해 법이 엄격하게 금지하고 있는 사항이다.[1]

민법의 총칙에서 권리의 주체인 사람, 권리의 객체인 물건에 이어, 제5장에서 **법률행위**에 대해서 규정하고 있다. 이는 사람의 행위 중 특히 스스로 의욕하는 바를 달성하게 하는 것을 말한다.[2] 모든 행위에 대한 규정이 아니라 법률행위에 대한 규정만을 둔 것은 그만큼 법률행위는 다른 행위에 비해 스스로의 법률관계를 스스로 형성해 나가는 현대사회에서, 그리고 그것에 대한 가장 기본을 담고 있는 민법에 있어 그 중요성이 매우 크기 때문일 것이다.

이러한 법률행위를 자유롭게 할 수 있다는 것은. 국가의 최고법인 헌법에서의 '일반적 행동의 자유'를 바탕으로,[3] 민법에서도 이를 **법률행위 자유의 원칙** 혹은 법률행위 중 가장 대표적인 계약을 중심으로 **계약 자유의 원칙**이라고 하여 가장 중요한 원칙으로 인정하고 있다.[4]

---

1 타인의 물건을 빼앗은 경우는 형법상 제333조에서 강도로 처벌하고 있고, 물건의 탈취에 대한 방어 및 즉시탈환을 제외한 자력구제도 법에서 금지하고 있다(민법 제209조).
2 모든 관계가 법률관계가 아니듯, 명백한 농담과 같은 행위는 그것이 스스로 의욕하는 바를 담고 있다고 하더라도 법률행위가 되지 않을 수 있다.
3 헌법 전반에 걸쳐 선언되고 있는 자유에 대한 부분 외에도, 특히 헌법 제10조로부터 '일반적 행동의 자유'가 도출된다고 본다.
4 비록 이에 대한 명시적인 선언은 없으나, 민법에서는 자유롭게 이루어진 행위를 전제로 법과 제도가 마련되어 있다.

권리(법률관계)를 변동시키는 것들

사람이 행위를 하게 되면 이에 맞게 그 사람, 더 나아가 관련된 다른 사람의 권리와 의무에 변화가 생긴다. 이러한 측면에서 행위는 권리의 변동(발생, 변경, 소멸)을 일으키는 원인이 된다.[5] 권리의 변동은 곧 법률관계의 변동이기도 하다.

권리 혹은 법률관계를 변동시키는 것 중 제일 중요한 것은 **법률행위**이다. 이는 당사자의 자유로운 의지에 따라 권리 혹은 법률관계를 변화시키는 것으로 현대사회에서 차지하는 비중이 절대적이다. 법률행위는 행위자의 의사, 즉 의욕하는 바를 표시하는 '의사표시'를 필수적 요소로 한다.[6] 가장 대표적인 예가 **계약**이고, 대부분의 거래는 이를 통해 이루어진다.[7] 그 외에도 그 예가 많지는 않지만 **단독행위**가 있다.[8] 법률행위와 유사해 보이지만, 당사자의 의사대로 효과가 발생하는 것은 아닌 **준법률행위**[9], 그리고 행위와는 무관한 **사건**[10]이 있으며, 이것들과는 별도로 법에서 금지한 행위, 즉 **위법행위**의 경우에도 권리 혹은 법률관계의 변동을 가져온다.[11]

권리 혹은 법률관계의 변동에 영향을 미치는 요소로 행위자의 심리에 해당하는 부분이 있다. 대표적으로 **선의**(알고 있는 상태)와 **악의**(모르고 있는 상태)가 그 예이다.[12]

---

5 발생하는 법률효과에 대한 법률요건이기도 하다. '~하면 ~하다'라는 가언명제의 형식을 취하고 있는 법은 많은 경우 '요건과 효과'로 설명되기도 한다.
6 민법의 법률행위에 대한 규정에는 의사표시에 대한 부분이 따로 있다(민법 제1편 총칙/제5장 법률행위/제2절). 의사표시가 법률행위의 필수구성부분인 만큼 때때로 법률행위는 곧 의사표시 그 자체를 의미하기도 한다.
7 혼자서 할 수 있는 것이 아니고 반드시 상대방이 필요하며, 두 당사자의 자유의지가 필요하므로 필연적으로 합의(의사표시의 합치)가 이루어져야 한다. 상대방의 동의없이, 예컨대 사기나 협박을 통해 거래를 한 경우에는 그 자체가 범죄가 되어 형법에 따라 처벌을 받는 것(형법 제347조의 사기죄, 제350의 공갈죄 혹은 제283조의 협박죄) 외에도 그 거래의 효력이 부정되기도 한다(민법 제110조 참조).
8 계약과 달리 단독행위는 하나의 의사표시만 있어도 되며, 하나의 의사표시만으로도 권리와 법률관계의 변화를 가져올 수 있기 때문에 그 예가 한정적이고, 인정되더라도 법에 의해서 엄격히 규제되기도 한다. 특히 단독행위가 취소나 해제처럼 '형성권'인 경우에는 더욱 더 그렇다.
9 최고, 거절과 같은 의사의 통지, 대리권 수여의 표시와 같은 관념의 통지, 발견이나 선점과 같은 사실행위가 있고, 그 효과는 법에서 규정한 대로이다. 다만, 준법률행위에도 성질이 허용하는 한 법률행위에 대한 규정이 유추적용된다고 보는 것이 일반적이다.
10 대표적으로 사람의 출생과 사망이 이에 해당한다.
11 위법행위 중 일정한 경우를 형법을 중심으로 하여 범죄로 규정하고 이에 대한 형벌을 부과하고 있다. 민사적으로는 위법행위를 토대로 채무불이행(민법 제390조)과 불법행위(대표적으로 민법 제750조)가 문제되며, 각 제도들의 요건에 따라 사적 구제를 인정하게 된다.
12 특히 위법행위시 악의는 고의 혹은 과실로 평가되기도 한다.

2302 권리에 따라 행위도 달라집니다

어떤 권리의 변동을 가져오냐에 따라 행위도 달라진다. 대표적으로 민법 제2편의 물권과 제3편의 채권과 관련된 행위는 각각 **채권행위, 물권행위**라고 한다.

채권행위와 물권행위가 이루어지는 모습은, 달리 말하자면 채권과 물권이 변동하는 모습은, 실생활의 거래를 통해서도 잘 확인할 수 있다. 거래는 통상 계약을 통해서 시작하는데, 계약은 단순히 약속하는 것에 그치는 것으로, 거래를 통해서 획득하고자 했던, 예컨대 물건에 대한 직접적 권리는 그 약속의 이행을 통해서 넘어오게 된다.[1] 이 경우 약속했던 바에 대한 이행을 청구하는 권리가 계약의 결과로서 취득되는데, 이러한 권리를 **채권**이라고 한다. 이에 반해 물건에 대한 직접적인 권리를 **물권**이라고 하므로, 계약을 통해서는 채권을, 이행을 통해서는 물권을 취득하게 되는 것이다.[2]

다시 말하자면, 법률행위의 가장 대표적인 예인 계약은 채권행위가 되고, 그 이행과정에서 물권행위가 이루어지게 되는데,[3] 이 행위들은 공통적으로 법률행위에 해당하므로 총칙의 법률행위에 대한 규정의 적용을 받는다.[4]

---

1 현실에서는 계약과 동시에 이행이 이루어지는 경우도 자주 발생하는데, 이를 '현실매매'라고 하지만, 두 가지가 짧은 순간에 동시에 일어날 뿐 하나인 것은 아니다.

2 이를 권리의 관점에서 보면 권리의 변동이라고 할 수 있다. 채권은 계약에 의해서 새롭게 만들어지는 것이지만, 물권은 전 권리자로부터 새로운 권리자에게로 이전하게 되는데, 전 권리자는 물권을 잃게 되고, 새로운 권리자는 물권을 얻게 된다.

3 물론 모든 이행이 물권행위인 것은 아니고(계약의 목적이 반드시 물권의 취득에 있는 것만은 아님을 생각해 보라), 물권행위 역시 계약과 무관하게 독자적으로 일어나기도 한다. 대표적으로 물건에 대한 소유권을 포기하는 행위가 이에 해당할 수 있는데, 합의가 불필요하므로 계약은 아니고 단독행위이다. 이에 반하여 계약의 이행으로서 일어나는 물권행위에 있어 당사자 간의 합의가 필요하다는 점을 강조하여, 이를 '물권적 합의'라고 하기도 한다.

4 법률행위는 비단 이에 그치는 것이 아니고, 민법 제4편의 친족과 관련하여서는 '신분행위'라고 하는 등 그것이 대상으로 하고 있는 행위는 매우 많다(이렇게 일반적이고 공통된 것을 앞에서 모아 총칙으로 개별적이고 구체적인 내용을 뒤에 각칙으로 규정하는 판덱텐 체계의 특징을 가장 잘 확인할 수 있는 것이 바로 행위이다). 더 나아가 이 규정은 행정에서의 행정행위(행정법 영역에서는 이를 행정처분이라고도 한다), 소송에서의 행위와 같이 공법적인 부분에까지도 이어지는 것으로 인식되고 있다. 당연히 그 특수성에 따라 별도의 특별한 규율이 이루어지고 있다.

물권과 채권

물권과 채권은 우리 민법전에서 가장 많은 부분을 차지하고 있는 재산권에 대한 규정을 양분하고 있는 만큼, 우리 민법을 이해하는 데 있어 매우 중요하다.

소유권으로 대표되는 **물권**은 물건에 대한 직접 지배를 내용으로 하는 권리라서 누구에게나 주장할 수 있는 반면,[5] **채권**은 상대방에게 청구할 수 있는 권리로 정해진 상대방 외에는 주장하지 못한다.[6] 이에 따라 물권과 채권을 **대세권**과 **대인권**, 혹은 **절대권**과 **상대권**으로 구별하기도 한다. 누구에게라도 주장될 수 있는 물권은 그 권리를 외부적으로 드러내는 **공시**가 요구되며, 부동산은 '등기'를 통해 동산은 '점유'를 통해 공시된다.[7] 채권은 별도의 공시가 불필요하고 계약의 경우에는 당사자의 합의만으로도 취득할 수 있지만, 채권의 양도는 물권과 마찬가지로 취급된다.[8] 물권은 법률이나 관습법에 의해 정해진 종류와 내용으로만 인정되는 데 반해(민법 제185조: **물권법정주의**),[9] 채권은 계약에 따라 그 종류도 천차만별이고, 법률의 규정에 의해서도 발생한다.[10] 물권의 하나의 물건에 하나밖에 존재할 수 없으나, 채권은 그 내용이 동일해도 동시에 존재할 수 있다.[11]

5　물건에 대한 직접적인 지배도 결국 타인에 대한 권리 주장의 형태로 발현된다. 특히 물권에 기초해서 주장되는 권리를 '물권적 청구권'이라고 하는데, 민법에서는 소유권과 관련하여 반환청구권(제213조)과 방해제거 및 예방청구권(214조)를 규정하고 있으며, 다른 물권에도 준용된다(예컨대 제370조). 현재 권리가 침해되고 있거나 그럴 만한 사정이 존재한다는 것 이외에는 어떠한 요건도 필요없는 강력한 것으로 권리 보호에 핵심적인 역할을 한다.

6　채권의 경우에는 상대방이 존재하는 만큼, 권리에 대한 의무가 인정되며 이를 '채무'라고 하는데, 이에 따라 채권을 가진 권리자를 '채권자', 채무를 부담하는 의무자를 '채무자'라고 칭하는데, 금전관계에서의 당사자를 지칭하는 것보다 더 넓은 개념이다.

7　더 나아가 공시의 변경 없이는 물권의 변동이 되지 않도록 하고 있다(민법 제186조, 제188조).

8　채권 자체에 대한 직접적인 권리변동을 가져오는 이러한 행위를 '준물권행위'라고 한다.

9　민법 제2편 물권은 점유권, 소유권, 지상권, 지역권, 전세권, 유치권, 질권, 저당권의 물권들을 제2장부터 제9장까지 배치하고, 물권의 기본적인 성질을 제1장 총칙에서 정하고 있다. 지상권, 지역권, 전세권은 용익물권으로 물건의 '사용가치'를 지배하고, 유치권, 질권, 저당권은 '담보물권'으로 물건의 '교환가치'를 지배한다(이 두 가지를 합하여 '제한물권'이라고 칭하는데, 소유권만이 이들 두 가치를 완전히 지배하는 유일한 물권이다).

10　민법 제3편 채권은, 채권의 대표적인 발생원인인 계약 이외에도 사무관리, 부당이득, 불법행위를 제2장부터 제5장까지 구성하고(계약은 '약정채권', 나머지의 경우는 '법정채권'), 채권의 일반적인 성질을 제1장 총칙에서 규율하고 있다. 채권 총칙은 제1절 채권의 목적, 제2절 채권의 효력, 제3절 수인의 채권자 및 채무자, 제4절 채권의 양도, 제5절 채무의 인수, 제6절 채권의 소멸로 구성되는데, 제1절 채권의 목적에서 채권의 종류를 그 대상 중 물건의 특징에 따라 대략적인 분류만 하고 있을 뿐이다. 총칙의 마지막 부분에는 일반적인 채권과 구별하여 제7절에서 지시채권, 제8절에서 무기명채권을 추가적으로 규정하고 있는데, 어음, 수표가 '지시채권'의 대표적인 예이고 상품권이 '무기명채권'의 예인데, 특히 어음과 수표에 대해서는 별도의 "어음법"과 "수표법"이 존재한다.

11　특히 물권의 이러한 배타적 성질을 '일물일권주의'라고 한다. 채권은 비배타적이어서 같은 권리가 중첩될 수 있지만, 동시실현이 불가능한 때에는 그 실현에 있어 문제가 발생할 수밖에 없을 것이다.

좀 더 알아봅시다 2: 경매를 통해 살펴보는 물권 vs 채권

점유권을 제외하고,[1] 물권은 소유권과 그 외의 제한물권으로 구성된다. 제한물권들은 소유권이 가진 사용가치와 교환가치 중 하나에 소유권과 마찬가지로 지배적 효력을 인정한 것이므로, 사용가치를 지배하는 용익물권은 내 물건이 아님에도 마치 내 물건인 것처럼 그것을 사용할 수 있고, 교환가치를 지배하는 담보물권은 내 물건이 아님에도 마치 내 물건인 것처럼 그것을 처분할 수 있는데,[2] 제한물권이 인정되는 물건의 소유권은 그 효력이 제한되고, 제한물권은 항상 소유권에 우선한다.[3] 어느 경우나 물권의 속성상 제3자에게도 주장할 수 있다.

용익물권과 같이 타인의 물건을 사용하는 것은, 대표적으로 임대차와 같은 계약에 의한, 채권도 의해서도 가능하고, 담보물권은 독자적으로 존재하지 않고 항상 채권을 위해 존재한다.[4] 이 경우 동일한 내용의 권리들이 서로 공존할 수 있게 된다. 물건을 사용하는 관계에서는 동시에 여러 가지의 권리가 성립하기는 쉽지 않다.[5] 용익물권과 임대차계약에 의해서 인정되는 채권인 임차권은 제3자, 대표적으로 바뀐 집주인에 대해서도 대항할 수 있는지에 있어 구별될 뿐이다.[6] 그러나 담보물권의 경우는 교환가치가 채권이 실현되지 않는 경우에만 발동되는 잠재적인 것이어서 담보물권과 채권(보다 정확하게는, 피담보채권과 일반채권), 담보물권과 담보물권(보다 정확하게는 피담보채권과 피담보채권), 심지어는 담보물권과 용익물권[7]이 충돌하는 경우가 발생할 수 있고, 이 경우 권리 상호 간의 관계가 문제가 된다. 특히 우리의 경우는 물건의 교환가치가 최대한 활용될 수 있도록 그 범위 내에서 여러 개의 담보물권이 성립될 수 있도록 하고 있고 또한 활발히 이용되고 있는 실정이다.[8]

---

1 민법에서는 이러한 사실상의 지배에 대해서도 물권의 한 종류로서 점유권을 인정하여 일정한 효과, 대표적으로 점유의 추정력과 점유보호청구권을 인정하고 있다(제2편 물권/제2장). 점유는 관념화되어 직접점유 이외에도 간접점유도 인정된다(제194조). 우리 법의 여기저기에서 점유는 중요한 기능을 하는데(예컨대, 점유취득시효, 유치권 등), 점유에 대한 기본적인 내용들, 무엇보다 점유의 태양(제197조)을 점유권과 관련하여 정하고 있다. 점유권은 물건에 한하며, 물건 이외의 재산권을 사실상 행사하는 경우는 '준점유'로 보아 점유에 대한 규정을 준용한다(제210조). 점유권은 그 특수성으로 인해 다른 권리들과 구별되는데, 점유권을 제외한 나머지 권리들을 '본권'이라고 칭한다.
2 처분한 대가로부터 채권의 변제를 받는 것이 담보물권의 기능이다.
3 다만 여전히 소유자는 제한물권에 의해 제한되지 않는 범위에서는 여전히 소유자로서 자유로이 자신의 권리를 행사할 수 있다. 대표적으로 제한물권이 존재하는 물건을 처분할 수 있는데, 용익물권의 경우는 당연하거니와, 담보물권이 설정되어 있는 경우도 마찬가지이다.
4 담보물권에 의해서 회수가능성이 매우 높아진 채권을 일반적인 채권과 구별하여 '피담보채권'이라고 한다
5 흔히 공유경제로 지칭되는 물건사용관계와 같이 하나의 물건을 함께 사용하는 경우에도 이를 동시에 사용할 수는 없다는 것을 생각해 보라.
6 일반적인 임대차에 의한 임차권은 새 집주인에게 대항할 수 없으므로, 집주인이 바뀐 경우는 쫓겨날 수밖에 없고, 심지어는 우리의 임대차거래관행상 계약종료시 돌려받을 것을 예정하고 계약시 제공한 보증금도 새 집주인에게는 받을 수 없다. 이 경우 주거의 안정을 위해 일정한 요건을 갖춘 경우 임대차 계약의 효력을 강화한 것이 "주택임대차보호법"의 취지이며, 이 법에 따라 임대차계약에 의한 임차권이 주택의 인도와 주민등록(전입신고)에 의해 물권과 마찬가지로 제3자에 대한 대항력을 갖추게 된다(제3조). 이를 '채권의 물권화'라고 한다.
7 용익물권 말고 동일한 내용의 채권도 마찬가지로 문제될 수 있다.
8 하나의 물건에는 하나의 권리만이 성립할 수 있다는 '일물일권주의'는 물권 중에서도 소유권에 한정될 뿐이고(소유자가 여러 명인 '공유'의 경우는 하나의 소유권이 지분별로 귀속하는 걸로 파악한다), 그 외 다른

하나의 물건에 여러 권리가 중첩되는 경우에 모두의 실현이 불가능하게 되면 권리 간의 관계가 특히나 중요해진다. 대표적으로 '경매'시 이러한 모습을 확인할 수 있다.[9] 경매로 물건이 매각되면 그 대가가 원래 물건의 소유자에게 돌아가지 않고 법원이 이를 권리자들에게 '배당'을 통해 나누어주게 된다. 권리자들 중 돈을 받고자 하는 채권자들은 서로의 권리의 관계 속에서 자신의 몫을 변제받게 되고 받지 못하는 부분은 원래의 채무자[10]에게 다시 청구할 수 있겠지만 그 실현이 쉽지는 않을 것이다. 용익물권과 같이 물건에 대한 사용권을 가진 경우는 배당을 받는 것은 아니고,[11] 경매를 통해 물권을 구입한 새 소유자에게 자신의 권리를 주장할 수 있는지가 문제가 된다.[12]

모두 배당을 통해 돈을 돌려받기만 하면 되는 경우에는 경매 후 어떠한 권리도 물건 위에 남지 않고 경매 후 소멸한다.[13] 매각대금보다 권리자들이 받아야 금액이 많을 경우 모든 권리가 실현되지 못한다. 물권은 그 성질상 항상 채권에 우선하며, 물권 상호 간에는 성립순서대로 순위가 정해지고,[14] 채권은 별다른 순위없이 평등하게 취급됨에 따라, 담보물권을 확보하였는지, 여러 개의 담보물권이 병존하는 경우에는 다른 담보물권보다 우선하여 성립하였는지가 채권의 실현 여부에 결정적인 역할을 한다. 우선순위인 자가 먼저 받아가고도 남는 것이 있다면 순위가 없는 일반채권자들은 채권액에 비례하여 안분하여 받아갈 수 있을 뿐이다.

물건을 사용할 수 있는 권리자가 있을 경우에는 좀 더 복잡하다. 배당과 무관한 이들이기에 순위가 중요하지 않다고 생각할 수도 있지만, 이들의 권리가 매각 후에도 물건에 잔존할 경우 이는 물건의 매각가격에 영향을 미치고,[15] 만약 후순위의 이용할 수 있는 권리에 의해 매각가격이 내려간다면 우선순위자의 배당받을 권리가 침해될 수도 있는 것이다. 이에 따라 이용할 수 있는 권리가 최우선순위의 용익물권인 경우에만 존속할 수 있게 된다.[16] 용익물권보다 우선순위의 담보물권이 존재하는 경우에는 용익물권도 잔존하지 못한다.[17]

물권들은 하나의 물건에 여러 개의 권리(특히, 저당권)가 성립하기도 한다. 채권의 경우는 물건과 직접적인 접점이 없는데 하나의 물건에 대해 동일한 내용의 권리가 중첩해서 존재할 수 있고, 이에 따라 모든 권리가 실현되지 못함으로 인한 문제가 발생할 수 있다.

9 경매는 대체로 권리의 실현에 위기감을 느낀 자가 법적 조치를 취해 집행할 때 이루어지기 때문이다. 이 경우 결과적으로 누군가의 권리가 실현되지 못하는 경우가 자주 발생한다.

10 통상 경매목적물의 소유자이겠지만, 타인의 채무에 대해 자신의 물건 위에 담보물권을 설정해 준 '물상보증인'이나 담보물권이 설정된 물건의 소유권을 취득한 '제3취득자'의 경우는 그렇지 않다.

11 사용관계 종료시 보증금을 돌려받아야 하는 경우는 배당을 신청할 수도 있다.

12 이 경우는 경매를 통해 물건을 구입하기 위해 입찰을 준비하는 입장에서는 불측의 손해를 당할 수 있으므로 특히 주의하여야 한다. 물건을 낙찰받을 시 자신의 물건 위에 어떤 권리가 존속하여 이를 떠맡아야 하는지 등을 따져보는 것을 '권리분석'이라고 한다.

13 이에 따라 낙찰자는 아무런 권리가 설정되어 있지 않은 완전히 깨끗한 물건을 취득한다.

14 물권의 취득에는 공시의 변경이 필수이므로, 그 공시변경일자에 따라 순위를 파악하기가 용이하다.

15 낙찰자 입장에서는 타인의 권리가 잔존하는 만큼을 경매비용에서 제외하여야 손해를 입지 않는다.

16 이용할 수 있는 권리가 채권인 경우에는 순위 밖이기도 하거니와 채권의 속성상 어차피 물건의 새 주인에게 주장될 수가 없다.

17 결국 담보물권이 여러 개인 경우에도 최우선순위의 담보물권이 그 기준이 된다.

2303 계약은 둘이서 합의한 대로

계약은 상대방의 동의 혹은 상대방과의 합의가 반드시 필요하기 때문에 혼자 할 수 있는 것이 아니지만 합의만 된다면 그것으로 충분하다.[1] 어느 정도의 **합의**가 필요한지에 대해서는, 계약의 내용(혹은 목적)이 어느 정도의 확정성을 가지는 한 지엽적인 모든 부분에 대해서까지 합의될 것을 요하지는 않지만, 지엽적인 부분이라도 일단 다루어진 이상 양 당사자의 의사표시가 마치 거울을 마주한 것처럼 일치될 것을 요한다.[2]

계약이 어떻게 이루어지는지에 대해서 계약의 총칙에서 몇 가지 사항을 규정하고 있다(민법 제3편 채권/제2장 계약/제1절 총칙/제1관). 합의가 이루어져야 한다는 내용에 대한 직접적인 선언은 없지만, 합의가 이루어지는 과정을 청약과 승낙이라는 두 개의 의사표시가 합치하는 방식을 통해 설명하고 있다. **청약**은 계약의 성립을 위한 제안이고 **승낙**은 청약을 받아들이는 것을 의미하는데, 승낙은 단지 청약에 대한 수락 여부만을 의미하므로 계약의 내용을 결정지을 구체적인 내용들은 청약에 담겨져 있어야 한다. 청약에 대해 변경을 가한 경우에는 이를 승낙이 아니라 새로운 청약이 되므로(제534조), 이에 대해서는 새로운 승낙이 있어야 한다.[3]

그 외에도 청약은 철회될 수 없고(제527조), 계약의 성립에 대한 다양한 규정을 두고 있는데,[4] 이러한 규정들은 이 법이 처음 만들어진 100여 년 전의 모습, 즉 서로 멀리 떨어져 의사전달에 시간이 필요했던 당사자들(격지자) 사이를 염두에 둔 것이어서, 통신기술이 발달한 현대에 있어서는 큰 의미를 가지지 못할 수도 있다. 그럼에도 이 규정들을 통해 계약에 있어 합의가 존재하여야 한다는 점을 확인할 수 있다는 점에서 그 의미가 작다고는 할 수 없다.

---

1 계약은 생각하기에 따라 경제적인 이익이 오고가는 경우로 좁게 해석될 수도 있지만, 실제로는 합의가 이루어지는 모든 경우가 계약이다. 혼인도 계약이다. 혼인은 친족관계를 발생시키는 주요 원인 중 하나로 민법에서 규율하고 있다(민법 제4편 친족/제3장 혼인).
2 대법원은 계약이 성립하기 위하여는 당사자 사이에 의사의 합치가 있을 것이 요구되고 이러한 의사의 합치는 당해 계약의 내용을 이루는 모든 사항에 관하여 있어야 하는 것은 아니나 그 본질적 사항이나 중요 사항에 관하여는 구체적으로 의사의 합치가 있거나 적어도 장래 구체적으로 특정할 수 있는 기준과 방법 등에 관한 합의는 있어야 하고(대법원 2001. 3. 23. 선고 2000다51650 판결), 계약이 성립하기 위하여는 당사자의 서로 대립하는 수개의 의사표시의 객관적 합치가 필요하고 객관적 합치가 있다고 하기 위하여는 당사자의 의사표시에 나타나 있는 사항에 관하여는 모두 일치하고 있어야 한다고 하였다(대법원 2003. 4. 11. 선고 2001다53059 판결).
3 애초의 청약은 '청약의 유인'으로서 기능할 뿐이다.
4 승낙기간과 관련된 제528조와 제529조, 연착된 승낙에 대한 제530조, 격지자간의 계약성립시기에 대한 특례규정인 제531조, 의사실현에 의한 계약성립에 대한 제532조, 교차청약에 대한 제533조. 제535조는 계약체결상의 과실에 대한 것으로 계약의 성립과는 직접적으로 관련이 없는 조문이다.

계약의 종류

사람과 사람 사이의 합의로 이루어지는 계약은 어떤 내용의 합의인지가 그 당사자들에게 맡겨져 있어서, 현실에서의 계약은 실로 다양할 수밖에 없다. 민법은 계약과 관련하여 계약의 성립 및 효력 그리고 계약의 해지/해제를 규정하는 제1절 총칙에 이어 증여, 매매, 교환, 소비대차, 사용대차, 임대차, 고용, 도급, 여행계약, 현상광고, 위임, 임치, 조합, 종신정기금, 화해의 15개의 계약을 제2절부터 제15절까지 나열하고 있는데(민법 제3편 채권/제2장 계약),[5] 민법 제4편 친족에서 규율하고 있는 혼인도 계약이고, 다른 법률들에서도 다양한 계약을 규정하고 있다.[6] 계약에 대한 규정은 당사자들이 합의로 배제할 수 있는 것이 원칙이라,[7] 계약에 대한 경험이 많아질수록 법규정이 나날이 무의미해지고 있는데, 그만큼 계약과 관련된 법률관계에서는 계약 그 자체가 중요하게 작용한다.[8]

계약은 관점에 따라 다양하게 분류할 수 있는데, 특히 **쌍무계약**과 **편무계약**, **유상계약**과 **무상계약**으로 나눌 수 있다. 현대에서의 거래는 대개 서로 주고받는 식이므로 쌍무·유상계약이 원칙이다.[9] 대부분의 쌍무계약에 있어서는 서로의 의무가 얽혀있는 모습인데 이에 대해서는 계약의 총칙에서 계약의 효력으로 다루고 있고(민법 제3편 채권/제2장 계약/제1절 총칙/제2관), 대표적인 유상계약인 매매의 규정을 다른 유상계약들에 준용하고 있다(민법 제567조). 이러한 내용들은 편무계약이나 무상계약에는 적용되지 않는다.[10]

---

5 계약은 채권과 채무를 발생시키므로, 계약의 당사자는 그 권리, 의무에 따라 채권자 혹은 채무자가 되는데, 계약에 따라 법에서는 당사자에 대한 전형적인 명칭을 사용한다. 매매의 '매도인'과 '매수인', 임대차의 '임대인'과 '임차인', 도급에서의 '도급인'과 '수급인'이 그 예이다.

6 때문에 민법의 계약에 대한 부분에서 규정하고 있는지는 전혀 중요한 문제가 아니다(참고로 민법의 계약에 대한 부분에서 규정한 계약을 '전형계약'이라고 한다). 이러한 계약 중에서도 현대에 더 이상 중요하지 않은 계약도 있고, 그 외의 계약 중에서도 매우 중요한 계약이 있다(대표적으로 "상법" 제4편에서 정하고 있는 보험계약이 그렇다).

7 즉, '임의규정'이다. 그러나 법이 보다 적극적으로 개입하는 몇몇 계약, 예컨대 임대차와 같은 경우에는 당사자가 합의로서 배제할 수 없는 '강행규정'이 많아서 계약을 할 때 주의를 요한다.

8 그럼에도 미처 합의하지 못한 부분에 있어서는 여전히 민법규정들이 의미가 있으며, 특히 이러한 규정을 통해 가장 일반적이고 공평한 형태의 계약의 모습을 볼 수 있다.

9 어느 권리(혹은 의무)에 초점을 두냐에 따라 양 당사자는 채권자임과 동시에 채무자가 되기도 한다.

10 증여계약이 편무계약, 무상계약의 대표적인 예이다.

2304 계약서는 꼭 써야 하나요?

계약을 하면 통상 **계약서**를 작성한다. 현실에서는 계약서를 작성하지 않으면 계약 자체가 성립하지 않는다고 생각하는 경우도 많고,[1] 그만큼 계약을 형식을 갖추어야 한다고 생각하여 당사자의 합의로 이루어지는 일상의 행위들은 계약이 아닌 다른 것으로 인식하기도 한다.

결론부터 말하자면, 계약은 당사자의 합의만으로도 성립하며 계약서를 반드시 써야 하는 것은 아니다. 그 내용도 당사자가 스스로 결정하는 것처럼, 그 방식을 어떻게 할지도 당사자가 결정할 문제이다.[2] 물론 예외도 있다. 보증계약은 반드시 서면으로 의사가 표시되어야 한다(민법 제428조의2).[3]

그러나, 현실에서는 사후에 발생할 수 있는 문제를 위해서라도 반드시 계약서를 작성하는 편이 좋다. 계약서는 중요한 증거로서 활용될 수 있기 때문이다.[4] 계약서에는 계약의 내용이 담겨져야겠지만, 무엇보다 양 당사자의 확인이 반드시 필요하다. 서명이나 날인이 이루어져야 하는데, 계약서가 여러 장이거나, 여러 부가 작성된 경우 '간인'이나 '계인'을 하는 것도 마찬가지의 이유에서이다.

---

1 계약서없이 체결되는 소위 '구두계약'은 계약이 아니라고 여겨지기도 한다.
2 대표적인 계약인 매매에 대한 민법 제563조에서도 확인되는 바이다. 계약과 관련된 대부분의 규정에서 '약정함으로써' 계약은 성립하고 있는 것으로 규정하고 있다. 이와 같이 당사자의 합의만으로 성립하는 계약을 '낙성계약'이라고 하여, 계약에서 일정한 형식이 요구되는 '요식계약', 합의와 동시에 현실적인 급부의 이행이 필요한 '요물계약'과 구별한다.
3 대표적인 '요식계약'의 예이다.
4 계약서는 대표적인 '처분문서'로 처분문서의 진정성립이 인정되면 법원은 반증이 없는 한 그 문서의 기재 내용에 따른 의사표시의 존재 및 내용을 인정하여야 하고, 합리적인 이유설시도 없이 이를 배척하여서는 아니 된다(대법원 2006. 4. 13. 선고 2005다34643 판결).

표준계약서와 약관

계약서는 형식이 따로 정해져 있는 것이 아니고, 그 명칭도 다양하다. 최근에는 업종별로 관련기관이 제3자적 관점에서 계약서를 미리 마련해 두기도 한다. 이러한 **표준계약서**는 통상 거래의 당사자가 아닌 제3자가 작성하니만큼 가장 공평한 내용으로 작성되었다고 할 수 있으므로, 계약시 이를 활용해도 좋다. 자신에게 좀 더 유리한 내용을 담고자 할 경우[5]에는 표준계약서를 수정해서 사용하는 것도 얼마든지 가능하다.[6] 표준계약서라고 해서 스스로 작성한 계약서에 비해 법적 효력이 더 강한 것은 아니다.

계약서를 당사자 중 일방이 미리 작성해 두고 이를 계약시마다 활용하는 경우도 있는데, 특히 이렇게 해서 마련된 계약의 내용을 **약관**이라고 한다. 보통 정형적이고 반복적인 거래를 하는 '사업자'가 이를 작성해서 이용하는데, 그 속성상 작성자인 사업자에게 필연적으로 유리하여 그 상대방인 '고객'들이 피해를 볼 수밖에 없는 구조이다. 때문에 "약관의 규제에 관한 법률"이 별도로 제정되어, 사전적으로 약관의 내용을 심의관리하고, 사후적으로 약관이 명시되거나 설명되지 않은 경우 계약의 내용에서 배제하거나(제3조), 약관의 뜻이 명백하지 아니한 경우에는 고객에게 유리하게 해석되도록 하고(제5조 제2항), 공정성을 잃은 약관 조항은 그 효력을 부정하고 있다(제6조 이하). 또한 최근에는 표준계약서와 마찬가지의 취지에서 **표준약관**도 널리 사용되고 있다(제19조의3).

---

5 이것도 상대방의 동의가 있는 한 얼마든지 가능하지만, 지나치게 불공정한 경우에는 계약 전체나 관련내용의 효력이 부정되기도 한다.
6 수정된 부분에 대한 날인 등을 통한 상호 확인이 있어야 사후 분쟁이 발생하지 않는다.

2305 계약은 당사자끼리만 의미가 있지만 법과도 같아요

계약에서 두 사람의 합의만이 중요하다고 해도 되는 것은 그 효력이 다른 사람에게 미치지 않기 때문이다. 때때로 권리만이 주어지는 경우를 생각하면 타인의 행위가 나에게 영향을 미치는 것도 부당하지 않게 생각될 수도 있지만, 그것이 의무이거나 아니면 권리에 의무가 따라오는 경우라면 그 부당함은 추가적인 설명을 요구하지 않는다.[1]

그러나 계약은 그 당사자 사이에서는 지켜야 하는 법과 마찬가지로 기능한다. 이는 **약속은 지켜져야 한다(pacta sunt servanda)**는 오랜 법언에서도 확인될 수 있는 바인데,[2] 그 근거는 스스로의 행위에서 찾을 수 있을 것이다.[3] 법 역시 이를 위한 제도들을 마련하고 있다. 계약은 쉽게 무를 수 없고,[4] 계약이 지켜지지 않은 경우에는 민법에서는 강제이행을 법원에 청구할 수 있고(제389조), 상대방에게 손해배상책임을 물을 수 있으며(제390조), 이를 바탕으로 계약해제도 가능하도록 하고 있다(제544조, 제546조 등).

---

1 우리의 경우에는 증여마저도 계약으로 보고 있고 받는 이의 승낙이 반드시 필요하다(민법 제554조). 한편 민법은 계약의 효력과 관련하여 '제3자를 위한 계약'을 규정하고 있다(민법 제3편 채권/제2장 계약/제1절 총칙/제2관). 이는 계약에 의하여 당사자 일방이 제3자에게 이행할 것을 약정한 때에는 그 제3자는 채무자에게 직접 그 이행을 청구할 수 있다는 것을 내용으로 하는데(제539조 제1항), 이 경우에도 그 제3자가 채무자에 대하여 계약의 이익을 받을 의사를 표시한 때에 권리가 생기는 것으로 본다(제539조 제2항). 그 예로는 보험, 신탁 등을 들 수 있는데, 두 경우 모두 별도의 특별법이 존재한다(보험은 "상법" 제4편에서, 신탁은 "신탁법"에서 이를 규정하고 있다).

2 '약속'은 엄밀하게는 계약이나 합의와는 구별되지만, 현실에서는 유사한 의미로 사용되기도 하고, 무엇보다 지켜야 한다는 점에서는 동일하다.

3 이는 우리가 법을 왜 지켜야 하는지의 문제에도 그대로 적용할 수 있다. 즉 법은 우리가 만든 우리 모두의 계약이라고 볼 수 있기에, 이를 지켜야 하는 것이다.

4 계약 성립 후에는 상대방의 계약위반이 없다면 이를 해제할 수 없는 것이 원칙이다(민법 제544조 참조). 다만 예외적으로 몇몇 계약에서는 당사자 중 일방의 보호를 위해 계약체결 후 일정한 기간 안에 계약을 무를 수 있는 '청약철회권'을 인정하고 있다(예컨대, "전자상거래 등에서의 소비자보호에 관한 법률" 제17조 등).

수인의 당사자와 당사자의 변경

계약의 당사자는 일대일인 경우가 많겠지만, 어느 한쪽 당사자 혹은 양쪽 당사자가 다수인 경우도 얼마든지 있을 수 있다.[5] 이 경우 채권자 혹은 채무자가 그만큼 많아지는데, 우리 민법에서도 채권의 총칙에서 **수인의 채권자 및 채무자**에 대한 규정을 두고 있다(민법 제3편 채권/제1장 총칙/제3절). 특히 금전채무에 있어 채무자가 여럿인 경우가 의미를 가지는데,[6] 이 경우 채무자 간의 관계, 즉 한 채무자에게 발생한 사유가 다른 채무자에게도 영향을 미치는지, 한 채무자가 이행을 다한 경우 다른 채무자들에게 분담을 요구할 수 있는지(구상[7]) 등이 주로 문제된다. 채무자가 다수인 경우 법률상으로는 각자가 분할하여 의무를 부담하는 것이 원칙이지만(제408조), 의무의 성질상 혹은 당사자의 의사표시나 법률의 규정에 의해 그렇지 않은 경우가 더 많다. 오히려 채무자 간의 공동관계가 인정되는 **연대채무**(제413조 이하)의 경우가 중심이 된다.[8]

당사자가 변경되는 것은 **채권의 양도**와 **채무의 인수**에 의해서 가능하다.[9] 채권 역시 재산권이므로 양도가 되고 채무도 인수가 되는데,[10] 민법에서도 채권의 총칙에서 이를 규정하고 있다(민법 제3편 채권/제1장 총칙/제4절, 제5절). 아예 계약상 모든 지위를 거래하여 계약당사자를 변경하는 것도 가능한데, 이에 대해서는 별도의 규정이 없지만 당사자의 합의에 의해 가능함은 당연하고, 이를 **계약인수**라고 한다.

채권법

---

5 공동소유인 물건을 구입하는 경우이거나 구입한 물건을 구입과 동시에 공동소유로 하는 경우를 생각해 보라.
6 채권의 실현, 쉽게 말해 돈 받을 수 있는 확률이 올라간다.
7 '구상(혹은 구상권)'은 자기가 부담하지 않아도 될 비용을 지출한 사람에게 그 비용의 전부 또는 일부를 이를 궁극적으로 부담하여야 했을 사람으로부터 상환받을 수 있도록 하는 것을 말하며, 채무자 간에만 한정적으로 문제되는 것은 아니다. 실제 생활에서는 타인으로 인하여 발생한 비용 내지 손해를 청구하는 경우에까지 폭넓게 구상이라고 칭하기도 한다.
8 연대채무의 경우에는 당사자의 합의에 의한 경우뿐만 아니라 법률의 규정에 의해서도 성립한다(예컨대, 민법 제616조).
9 참고로 계약의 내용을 변경하는 것도 당사자의 합의로 얼마든지 가능한다.
10 다만 채권과 채무는, 물권과는 달리, 그 상대방과의 관계가 중요하므로 거래시 상대방에 대한 요건을 갖추어야 한다.

2306 계약은 'Give and Take'

　일방적으로 얻기만 하는 증여도 계약이라고 보지만, '매매¹'와 같은 대부분의 계약은 서로의 의무가 얽혀있다. 이를 **쌍무계약의 견련성**이라고 하는데, 민법에서는 계약의 효력과 관련하여 이를 규정하고 있다(민법 제3편 채권/제2장 계약/제1절 총칙/제2관). 이에 따르면, 달리 합의하지 않는 한, 당사자일방은 상대방이 그 이행을 제공할 때까지 자기의 이행을 거절할 수 있도록 하고(민법 제536조), 당사자 일방의 의무가 이행할 수 없게 된 때에는 상대방에게 의무를 이행할 것을 청구할 수 없다(민법 제537조).

　상대방이 자신의 의무는 이행하지 않으면서 자신의 권리만을 주장할 경우 이를 저지할 수 있다는 **동시이행의 항변권**은, 각 당사자가 상대방의 불이행에 대한 최소한의 안전장치를 가짐을 의미한다. 예컨대 매매에서 매도인이 물건을 넘겨주지 않고자 할 경우 매수인은 대금을 먼저 지급할 필요는 없으므로 그로 인한 위험에 처하지는 않게 된다.² 물론 이러한 기능은 반대의 경우도 작용하는데, 자신의 의무를 이행함으로써 상대방이 이행을 거절하지 못하게 할 수 있다.³

　계약 후 자신의 의무를 이행할 수 없게 된 경우 상대방에게도 더이상 의무를 이행하라고 하지 못한다는 **위험부담**은 어찌보면 당연한 이야기다.⁴ 예컨대 매매에서 물건이 화재로 소실되어 더 이상 이행할 수 없게 되면, 원래 계약대로의 매매대금도 청구할 수 없다는 뜻이다. 그러나 이는 양 당사자 쌍방의 책임없는 사유로 그렇게 된 때에 한하고, 상대방의 잘못에 의한 경우나 마찬가지로 볼 수 있는 경우(대표적으로, 채권자지체)라면 더 이상 자신의 의무를 이행하지 못하게 된 자는 자신의 의무를 이행하지 않으면서도 상대방의 이행을 청구할 수 있다(민법 제538조).⁵

1　대표적인 쌍무계약이자, 유상계약이다. '매매'는 쉽게는 사고파는 것인데, 그 목적이 된 물건 혹은 재산권의 대가가 금전인 경우를 말한다(민법 제563조, 제568조 참조). 그렇지 않은 경우는 '교환'이 된다. 사람은 살아가는데 필요한 대부분의 것을 매매를 통해 얻게 된다.

2　원래 계약이 성립되면, 양 당사자는 계약내용대로 자신의 의무를 이행하여야 하고, 그렇지 않은 경우 계약위반이 되는데, 이 경우는 계약위반에도 해당되지 않는다.

3　실제로는 이행을 하지 않고 이행에 필요한 행위를 완료하는 것으로 족하다. 상대방이 이행하지 않은 상태에서 먼저 이행할 수는 없는 노릇이다. 실제 소송에서 서로 동시이행의 항변을 하면서 이행을 거절하고 있을 경우에는 양자 모두 이행하라는 '상환이행판결'이 내려진다.

4　민법 제537조에서 표제를 '채무자위험부담주의'라고 한 것은 우리 민법이 자신의 의무가 불가능하게 된 자(채무자)는 상대방의 이행을 청구할 수 없다는 '(대가)위험'을 부담하게 된다는 의미이다. 불가능하게 된 의무에 대한 '(급부)위험'은 이에 대한 권리를 가진 자(채권자)가 부담하여야 하지만, 채권자는 자신의 의무를 이행할 필요가 없게 되므로, 실제 가장 큰 피해는 채무자에게 발생하게 된다.

5　이를 두고, '(대가)위험'이 이전되었다고 표현하기도 한다.

계약과 담보

쌍무계약의 견련성으로 인한 동시이행의 항변과 같은 제도에 의해 계약의 이행이 확보되기도 하지만, 모든 계약이 동시이행 관계에 놓이는 것은 아니다. 대표적으로 '소비대차[6]'의 경우에는 통상 하나의 의무가 계약 성립시에 이행이 되고 나머지 하나의 의무만이 남게 되는데, 이 경우에는 남은 의무의 이행은 온전히 의무자에게 달려있어 매우 불안한 상황이 된다. 이를 위해 **담보제도**가 마련되었고, 대표적으로 보증과 담보물권이 있다.

보증은 채무를 이행해야 할 자, 즉 주채무자가 이를 이행하지 않을시 대신 책임을 지는 내용의 별도의 계약으로 민법에서 규정하고 있다(민법 제3편 채권/제1장 총칙/제3절 수인의 채권자 및 채무자/제4관).[7] 보증계약은 주계약에 대한 종된 계약으로, 보증인이 주채무자 대신 이행을 하게 되면 이후 주채무자에게 구상을 할 수 있다.[8] **담보물권**은 불완전할 수밖에 없는 채권을 보완하기 위해 물건의 교환가치를 직접 지배하는 내용의 권리를 인정한 것으로,[9] 유치권, 질권, 저당권이 있고, 민법의 물권편에 규정되어 있다(민법 제2편 물권/제7장, 제8장, 제9장).[10] 일정한 요건만 갖추면 인정되는 법정담보물권인 유치권과는 달리, 질권과 저당권은 그 대상을 달리할 뿐 당사자의 합의로 성립하는 약정담보물권이다.[11]

---

6 쉽게 말해 돈 같은 걸 빌려줬다가 돌려받는 것을 말한다(민법 제598조).
7 채무자측이 다수가 됨에 따라 '수인의 채권자 및 채무자'의 한 종류로 규정되어 있는 것이다. 별도로 "보증인 보호를 위한 특별법"도 제정되어 시행되고 있지만, 그 내용의 상당부분은 2015년에 민법에도 반영되었다.
8 채무자가 여러 명이 된다는 측면에서 '연대채무'와 같지만, 연대채무는 채무자 간 동등한데 보증의 경우는 주와 종의 관계에 있다는 점에서 차이가 있다(채무자 간의 관계나 구상의 문제가 발생하는 것도 공통적이지만 그 특징으로 인한 규율내용의 차이가 있다). 보증에 주와 종의 관계를 약화시킨 '연대보증'이 채권자에 의해 더 선호된다.
9 채권없이 독자적으로 성립할 수 없고, 성립된 경우에도 채권에 대해 종된 지위에 선다. 담보물권은 다른 채권자에 대해 우선변제받을 수 있는 권리로(제329조, 제356조 등), 특히 하나의 물건에 동일한 내용의 권리가 여러 개 성립할 수 있어 성립순으로 우선순위를 정한다는 점이 중요하다. 담보물권이 있는 경우는 별두의 절차없이 바로 경매를 신청할 수 있다(제322조, 제343조, 제363조 등).
10 민법 외에도 "가등기 담보 등에 관한 법률"에 의해서도 담보물권이 인정된다. 참고로 담보권을 가지는 '담보권자'에 대하여 자신의 물건에 담보권을 설정해 주는 자(통상적으로는 채무자)를 '담보권설정자'라고 한다.
11 합의가 필요하므로 계약이고, 물권이기에 최종적인 권리취득은 공시의 변경까지 갖추어야 한다. 질권은 동산과 권리, 저당권은 부동산과 부동산에 대한 권리(예컨대 지상권, 전세권)를 대상으로 한다.

2307 이행은 전혀 별개의 문제입니다

계약에 의해서건, 그 외의 경우건 **이행**[1]은 독립된 문제이다.[2] 법률행위일 수도 있지만, 단순한 사실행위일 수도 있다. 계약의 내용에 따라 물건의 소유권을 넘겨주거나, 금전을 지급하거나, 서비스를 제공하게 되는데, 일시적으로 끝날 수도 있고 일정기간 계속적으로 지속될 수도 있다.[3]

이행행위가 이루어졌다고 해도, 최종적으로 채권자가 이를 받지 않으면 채권이 소멸되지 않는다. 사실 채무자가 할 수 있는 건 **이행의 제공**이고[4] 이는 채권자의 수령을 거쳐야만 이행이 되었다고 할 수 있다. 그러나 채무자는 자신이 해야 할 바를 다했으므로 이행하지 않은 것으로 인한 불이익을 면하고(민법 제461조), 그 이후에 발생하는 위험을 상대방인 채권자에게 전가시킬 수 있다.[5] 그리고 상대방이 주장하는 동시이행의 항변도 이행의 제공을 통해 무력화시킬 수 있다.

특히 매매에서와 같이 물건의 소유권의 취득, 즉 물권의 변동을 가져오는 경우에는 법률행위로서 **물권행위**가 이루어진다. 물권행위는 직접적인 물권의 변동을 가져오기 때문에 이에 대한 처분권이 있음을 전제로 하고, 권한 없는 행위는 효력을 가지지 못한다.[6] 이는 **누구도 자신이 가지지 않은 것을 타인에게 줄 수 없다(nemo dat quod non habet)**는 법언에 의해서도 확인되는 부분이다.

---

1   채권이 그 이행으로 인해 소멸되므로, 그 이행에 대해서는 채권의 소멸에서 다루고 있다(민법 제3편 채권/제1장 총칙/제6절). 이행에 해당하는 것은 '변제'이고(변제는 현실에서는 주로 금전채무의 이행과 관련하여 사용되는 용어이지만 법적으로는 채무의 이행을 전부 포괄하는 개념인데, 변제에 대한 규정 중 금전의 경우에 특화된 내용이 많기도 하다), 그 외에도 채권이 소멸되는 원인으로 공탁, 상계, 경개, 면제, 혼동이 규정되어 있다. 주의할 것은, 채권이 소멸하는 것이 이 경우에 한정되는 것도 아니라는 점이다.
2   하지만 특히 계약의 경우에는 뒤이은 이행이 없으면 계약을 한 의미가 없을지도 모른다.
3   물건을 일정기간 빌려주어서 계속 사용하게 하는 경우를 생각해 보라.
4   이행의 제공은 채무의 내용에 좋은 현실제공으로 하여야 함이 원칙이다(민법 제460조).
5   이는 '채권자지체'로 채권의 효력에서 이를 규정하고 있다(민법 제3편 채권/제1장 총칙/제2절). 채권자지체 중에는 채무자는 고의 또는 중대한 과실이 없으면 불이행으로 인한 모든 책임이 없고(제401조), 채권자지체 중에는 이자있는 채권이라도 채무자는 이자를 지급할 의무가 없다(제402조). 채권자지체로 인하여 그 목적물의 보관 또는 변제의 비용이 증가된 때에는 그 증가액은 채권자의 부담으로 한다(제403조).
6   채권 자체에 대한 직접적인 권리 변동을 가져오는 '준물권행위'에도 마찬가지이다. 물권행위와 준물권행위는 처분권이 필요한 '처분행위'로서의 성격을 가지며, 권한이 없는 자의 처분행위는 효력이 없다는 점에서 '의무부담행위'인 채권행위와 구별된다(민법 제569조에 따르면 우리 법은 타인권리를 매매하기로 한 계약도 유효한 것으로 보고 있다).

물권행위의 비독자성과 유인성

　물권행위로 인한 물권의 변동에서 물권행위가 유효해야 한다는 것은 당연하다. 그런데, 계약에 따른 이행으로 물권행위가 이루어지는 경우, 만약 계약이 유효하지 않게 되면 물권행위는 어떻게 될 것인가?

　원래는 서로 독립된 행위이지만, 실생활에서는 물권행위가 독자적으로 인식되거나 의미를 가지는 경우가 많이 존재하지 않는다.[7] 우리 법원은, 물권행위의 효력을 계약의 효력과 마찬가지로 파악하여, 일관되게 계약이 유효하지 않을 경우에는 물권행위도 유효하지 않는 것으로 보고 있다.[8] 이에 따라, 계약이 유효하지 않게 되면, 물권행위도 유효하지 않음으로 인해 종국적으로는 물권변동도 일어나지 않게 된다. 현실에는 계약에 따른 이행이 이루어지고 난 후에 계약이 유효하지 않음이 발견되는 경우가 많은데, 이 경우에도 물권변동은 일어나지 않은 것이고 따라서 권리는 이행 전 상태로 돌아가게 된다.[9] 즉 우리법에서는 물권행위는 채권행위로부터 독자적이지 않고(비독자성) 관련이 있다(유인성). 만약 물권행위의 독자성과 무인성이 긍정된다면, 계약의 효력이 부정되더라도 물권행위는 유효하므로 물건의 소유권은 상대방에게 넘어가 있는 상태가 되고, 이에 따라 많은 결론이 달라지게 될 것이다.

7　계약과 동시에 이행이 이루어지는 이른바 '현실매매'에서는 특히나 물권행위를 인식하기 어렵다.

8　더 나아가 물권행위 자체의 개념을 부정하는 논의도 제기되고 있는 현실이다.

9　예컨대, 실제 이루어진 매매계약에 의해 물건의 소유권이 이미 넘어간 경우, 매매계약의 효력이 부정되면 물권변동은 일어나지 않아 소유권은 여전히 매도인에게 있는 것으로 보고, 이 경우 현실적으로 물건이 상대방에게 여전히 남아있으면(다시 말해 상대방이 소유권이 없음에도 물건을 현실점유하고 있으면) 매도인은 소유권에 기해 그 반환을 청구할 수 있다(민법 제213조).

2308 물권의 변동에는 공시의 변경이 필요합니다

그 성격상 공시되어야 하는 물권의 변동에는, 유효한 물권행위 외에도, 그에 상응하는 **공시**의 변경이 필요하다(민법 제186조, 제188조).[1] 모든 경우에 그런 것은 아니고 법률의 규정에 의한 경우는 공시의 변경이 불필요하다(민법 제187조).

'부동산'은 **등기**, '동산'은 **점유**에 의해서 공시된다. 공시방법으로서의 효율성은 등기가 월등히 높은데, 동산의 경우에 이를 적용하기에는 현실적인 어려움이 있다. 원래도 불완전 공시방법인 점유는 간접점유 등으로 관념화되고, 점유를 이전하는 방식도 다양하여[2] 그 기능을 충분히 다하지 못하고 있다.[3]

특히 공시의 변경과 점유의 이전이 분리되어 있는 부동산물권변동을 통해 우리법의 태도를 살펴보면 다음과 같다. 토지를 매매함에 있어 매수인이 대금을 지급하고 토지를 넘겨받아 그 위에 집을 짓고 10년을 넘게 살았다고 하더라도 등기를 갖추지 않았다면 여전히 소유자는 매도인이 된다.[4] 이 경우 매도인은 자신이 소유자임을 기회로 토지를 다른 사람에게 팔 수 있고 이 경우 두 번째 매수인이 등기까지 갖추어 소유자가 되면, 두 번째 매수인은 자신의 소유물인 토지를 돌려달라고 현재 점유 중인 첫 번째 매수인에게 반환을 청구할 수 있고, 첫 번째 매수인은 이를 거절할 수 없게 된다.[5] 물론 첫 번째 매수인은 매도인에게 계약에 따라 책임을 물을 수 있을 것이나, 이미 소유자가 아닌 자를 상대로 강제이행을 청구할 수는 없으므로 자신의 집이 지어진 토지를 확보할 수 있는 방법은 없다.

---

1   이를 '성립요건주의(혹은 형식주의)'라고 하여 우리에게 지대한 영향을 준 일본법의 '대항요건주의(혹은 의사주의)'와 구별한다. 결국 우리법에서 물권행위에 의해 물권이 변동되려면, 1) 물권행위가 유효할 것, 2) 물권행위자에게 처분권이 있을 것, 3) 공시방법, 이상의 세 가지가 필요하며 하나라도 부족하면 물권의 변동을 일어나지 않는다.
2   민법 제188조, 제189조, 제190조에서 '현실인도' 외에 '간이인도', '점유개정', '목적물반환청구권의 양도'를 점유의 이전방식으로 인정하고 있다.
3   예컨대 선의취득(민법 제249조)에서는 '점유개정'은 인도의 방식으로 인정되지 않는다.
4   이 경우 계약이 아직 이행되지 않아 그 자체로 존재한다면 계약에 따른 이행을 청구할 수 있기 때문에 매도인이 소유권을 바탕으로 반환청구를 하지는 못한다는 것이 법원의 입장이다(대법원 1998. 6. 26. 선고 97다42823 판결). 계약에 의해서 가지는 채권은 10년이 지나면 소멸할 수도 있지만(민법 제162조), 대법원은 이 경우에는 예외를 인정하고 있다(대법원 1976. 11. 6. 선고 76다148 전원합의체 판결).
5   첫 번째 매수인에게는 소유자에 대하여 그 물건을 점유할 권리가 없기 때문이다(민법 제213조 단서 참조). 이 경우 원래의 매도인에 대하여 가지는 계약상 권리는 채권으로 계약의 당사자 이외에는 주장하지 못한다.

등기

부동산에 대한 물권변동에 등기가 필요하다는 것은 민법에서 규정하고 있지만, 등기 그 자체에 대해서는 "부동산등기법"에서 별도로 규정하고 있다. 내용에 따라 '보존등기', '권리변동의 등기', '경정등기', '변경등기', '말소등기', '멸실등기', '말소회복등기', '멸실회복등기' 등으로 나눌 수 있고, '주등기'와 '부기등기', '본등기'와 '가등기' 등으로 구별된다.[6]

부동산등기는 거래의 당사자가 공동으로 신청하여야 한다(공동신청주의). 등기신청을 하려면 여러 서류가 필요한데, 특히 등기원인을 증명하는 서면(예컨대 계약서)을 제출하여야 하고, 등기신청을 받은 공무원은 거래와 등기가 일치하는지 등 형식적 심사를 거쳐 등기를 한다(형식적 심사주의).

등기가 완료되면 신청시에 물권의 변동이 있는 것으로 본다. 형식적인 요건을 갖추지 못하거나, 등기의 내용이 그 근거가 되는 거래의 내용과 다른 경우에는 등기의 효력이 없는데, 다만 그렇게 이루어진 등기가 실체적 권리관계에 부합하는 경우에는 그 효력을 인정하는 것이 법원의 오랜 관행이다.[7] 일단 유효한 등기가 된 후에는 이후 불법적으로 말소되어도 권리관계에 영향을 미치지 않는다.[8]

등기는 그 자체로 추정력을 가진다. 점유의 경우(민법 제200조)와는 달리 명문의 규정은 없지만, 등기된 권리의 적법, 등기원인의 적법, 대리권의 존재, 등기가 적법한 절차에 의한 것 등이 포함되는데, 등기의 유효성을 부정하는 자가 증명하거나 등기의 원인무효임이 비교적 명백하다고 할 수 있는 경우에 그 추정은 깨어진다. 실제로 그 추정을 깨기는 쉽지 않다.

소유권

---

6 특히 '가등기'는 본등기에 앞서 미리 권리를 확보해 두는 것인데, 활용하기에 따라 채권확보의 담보로 활용되기도 한다. 이를 규율하고 있는 것이 "가등기 담보에 등에 관한 법률"이다.

7 대법원 1978. 8. 22. 선고 76다343 판결 등. 같은 맥락에서 '무효등기의 유용'도 가능하다.

8 이를 두고 등기는 '효력발생요건'이지 '효력존속요건'은 아니라고 한다. 따라서 등기명의가 불법적으로 이전된 경우에도 소유권은 여전히 본래 소유자에게 있고, 소유자는 자신의 소유권을 통대로 불법적 등기의 말소를 청구할 수 있다(민법 제213조, 제214조).

2309 등기부는 부동산마다 하나씩

등기부는 부동산마다 하나씩 만들어진다(1부동산 1등기주의). 물건을 중심으로 하며, 권리자가 바뀔 때마다 기재를 하는 형식이다.[1] 부동산은 토지와 건물이 중요한데, 각각 별개의 부동산이므로 등기도 따로 마련되어 있다. 다만 아파트와 같은 집합건물의 경우에는 건물과 토지에 대한 내용이 하나의 등기에 모두 담겨있고, 이 두 가지를 구분하여 거래하는 것은 원칙적으로 금지된다.[2]

등기를 담은 등기부는 **표제부, 갑구, 을구**로 구성된다. '표제부'에는 그 부동산에 대한 현황을 기재하는 것이고, '갑구'는 소유권과 관련된 사항, '을구'는 그 외 다른 물권과 관련된 사항이 기재된다. 갑구를 통하여 누가 소유자인지와 소유자변경가능성에 대해서 파악할 수 있고,[3] 을구를 통하여 해당 부동산에 설정된 다른 물권들, 특히 저당권의 존재를 파악할 수 있게 된다. 등기는 순서대로 기재되며 각각 고유의 순위번호를 가지게 된다.[4]

등기부는 발급당시에 현재 상황만이 드러나도록 할 수도 있고, 현재는 말소된 이전의 사항까지도 포함되도록 할 수 있다. 말소된 사항을 통해 부동산의 이력까지도 확인할 수 있는 것이다. 등기부는 과거 종이로 작성된 적이 있으나 2000년대 이후 전산화하여 지금은 전자문서의 형태로 보존되고 있다.[5] 등기부는 대법원에서 관리하며 대법원인터넷등기소를 통해 누구나 손쉽게 열람할 수 있다.[6]

---

1 이를 '물적편성주의'라고 하는데, 이와 달리 권리자를 중심으로 등기를 작성하는 것을 '인적편성주의'라고 한다. 우리의 경우에는 "동산·채권 등의 담보에 관한 법률"에 의한 등기가 인적편성주의를 취하고 있다.
2 "집합건물의 소유 및 관리에 관한 법률" 제20조에서도 이 점을 명확히 하고 있다. 현재는 집합건물을 건축함에 있어 토지에 대한 문제를 정리하는 것이 일반적이라 다른 문제가 발생할 소지가 거의 없으나, 예전에는 집합건물을 건축하여 분양하는 자가 미처 토지에 대한 이용권을 확보하지 못하여 그로 인한 문제가 많이 발생하였다.
3 소유권에 대한 (가)압류, 경매개시결정, 가처분 등 처분제한등기와 가등기를 통해 그 가능성을 가늠할 수 있다.
4 물권에 있어서는 서로 간에 성립순서에 따라 우선순위가 정해질 필요가 있는데, 성립순서는 순위번호에 따른다. 갑구와 을구 간의 우선순위에 대해서는 접수번호를 통해서 결정한다.
5 이로 인해 '등기부멸실'이나 '중복등기' 같은 것은 최근에는 더 이상 문제되지 않게 되었다.
6 www.iros.go.kr. 최근에는 앱을 통해 스마트폰으로도 쉽게 확인할 수 있다.

등기부 등본 (현재 유효사항) - 집합건물

[집합건물] 서울특별시 ▓▓ ▓▓▓▓ 300-130 제17동 제1층 제101호

고유번호 ▓▓▓▓▓▓▓▓▓▓▓

【 표 제 부 】 (1동의 건물의 표시)

표시번호	접 수	소재지번, 건물명칭 및 번호	건 물 내 역	등기원인 및 기타사항
1 (전 1)	1973년5월21일	서울특별시 ▓▓ ▓▓▓▓ 300-130 제17동	철근콘크리트조 슬래브지붕 5층 멘숀아파트주택 1층 611.71㎡ 2층 611.71㎡ 3층 611.71㎡ 4층 611.71㎡ 5층 611.71㎡ 옥탑 39.67㎡	

(대지권의 목적인 토지의 표시)

표시번호	소 재 지 번	지 목	면 적	등기원인 및 기타사항
1 (전 1)	1. 서울특별시 ▓▓ ▓▓▓▓ 300-130 2. 서울특별시 ▓▓ ▓▓▓▓ 300-128 3. 서울특별시 ▓▓ ▓▓▓▓ 300-129 4. 서울특별시 ▓▓ ▓▓▓▓ 300-289	대 대 도로 대	1639.7㎡ 465.4㎡ 559.7㎡ 203㎡	1986년9월17일

【 표 제 부 】 (전유부분의 건물의 표시)

표시번호	접 수	건물번호	건 물 내 역	등기원인 및 기타사항
1 (전 1)	1973년5월21일	제1층 제101호	철근콘크리트조 101.95㎡	도면편철장 제2책 제323장

(대지권의 표시)

표시번호	대지권종류	대지권비율	등기원인 및 기타사항
1 (전 1)	1, 2, 3, 4 소유권대지권	867.5분의 29	1986년9월17일 대지권 1986년9월17일

【 갑 구 】 (소유권에 관한 사항)

순위번호	등 기 목 적	접 수	등 기 원 인	권 리 자 및 기 타 사 항
10	소유권이전	2005년2월17일 제4173호	2005년1월19일 매매	소유자 ▓▓▓-1▓▓▓▓▓▓ 서울특별시 ▓ ▓ ▓ ▓▓ ▓▓▓▓ ▓▓▓ ▓▓

【 을 구 】 (소유권 이외의 권리에 관한 사항)

순위번호	등 기 목 적	접 수	등 기 원 인	권 리 자 및 기 타 사 항
13	근저당권설정	2005년2월17일 제4174호	2005년2월17일 설정계약	채권최고액 금300,000,000원 채무자 ▓▓ 서울 ▓▓▓▓ ▓▓▓▓ ▓▓▓ ▓▓ 근저당권자 주식회사 ▓▓은행 ▓▓▓ ▓▓▓▓▓▓ 서울 종로구 ▓▓▓ (개인여신팀)

* 등기부 등본의 공식명칭은 2011년 이후 '등기사항증명서'로 변경되었다.

2310 등기를 믿어봐야 아무 소용 없어요

등기는 부동산에 있어서 권리관계를 대외적으로 공시하는 역할을 하지만, 모든 등기가 그런 것은 아니다. 현실의 권리관계를 제대로 공시하지 못하는 거짓된 등기를 **부실등기**라고 한다. 그 원인은 매우 다양하지만, 특히 우리의 경우는 성립된 계약을 바탕으로 등기를 한 연후에 계약의 효력이 부정된 경우, 등기로 이전된 권리도 원래대로 회복하는데, 이 경우 남아 있는 등기는 부실등기가 되고 만다. 소유자는 소유권에 기해 이러한 부실등기의 말소 혹은 진정한 등기의 회복을 청구할 수 있다(민법 제213조, 제214조).

부실등기라도 등기를 가지고 있는 사람이 이를 기회로 거래를 시도한 경우 등기를 믿고 거래한 사람은 보호를 받지 못한다. 심지어는 유효한 계약에 따라 등기를 한 연후 제3자에게 거래를 통해 또다시 권리를 이전해 준 경우, 첫 번째 계약의 효력이 부정되면 전혀 문제없는 두 번째 거래를 통해 권리를 취득한 제3자도 그 권리를 박탈당하게 된다.[1] 권리는 애초의 권리자였던 사람에게 돌아가게 되고, 이 사람이 자신의 소유권을 토대로 제3자에게 해당 부동산을 돌려달라고 하면(민법 제213조) 제3자는, 설령 이전거래에 대해서 아무것도 모르고 스스로 한 거래에도 아무 문제가 없었다고 하더라도, 이에 응할 수밖에 없게 된다.[2]

그러나 현실에서는 등기 자체가 가지는 추정력으로 인해, 보호받을 수 있는 바도 크다고 할 것이다. 추정으로 말미암아 등기의 거짓을 주장하는 자가 증명하지 못하면 그 등기는 유효한 것으로 나루어지기 때문이다.

---

1 제3자에게 권리를 넘겨 준 당사자(첫번째 거래에서 권리를 취득한 자)는 첫 번째 거래의 효력이 부정됨에 따라 권리를 가졌던 적이 없었던 것으로 취급되기 때문이다.
2 애초 그런 거래를 제안한 사람에 대한 법적 책임은 물을 수 있을 것이다. 대개 계약은 유효하게 존재하므로 계약을 바탕으로 한 법적 책임이겠지만, 전혀 별개로 위법행위에 대한 것, 예컨대 사기와 같은 것일 수도 있다.

무권리자의 처분행위와 공신의 원칙

권리가 없는 자(무권리자)의 처분행위로부터 권리를 취득할 수 없게 되면,[3] 진정한 권리자의 권리가 침해될 우려는 줄어들지만 권리자의 외관을 신뢰해 거래한 사람은 보호받지 못하게 된다. 이로 인해 사람들은 더이상 거래를 믿지 못하게 되고 그러면 거래과 같은 행위는 더 위축될 수밖에 없을 것이다. 즉, '거래의 안정'도 유지되지 못한다.

때문에, 어떤 나라에서는 거래의 안정을 더 보호하는 쪽으로 법제도를 마련하기도 한다. 즉 외관에 대한 공신력을 인정하여 이를 믿고 거래한 자를 보호하는 것이다. 즉 **공신의 원칙**을 채택하는 것이다. 이러한 경우 믿고 거래한 사람, 나아가 거래의 안정은 보호할 수 있지만, 진정한 권리자는 자신의 권리를 빼앗기게 되는 결과가 된다. 때문에 어느 쪽이 옳은지는 쉽게 단정할 수 있는 것이 아니다.

우리의 경우는 부동산에 대해서는 등기의 공신력을 인정하는 공신의 원칙을 채택하지 않고 있다.[4] 그런데 동산 거래에서는 점유의 공신력을 인정하여 무권리자부터 거래한 경우에도 일정한 요건 하에 권리를 취득하도록 하는 '선의취득'을 인정하고 있다(민법 제249조).[5]

---

3 이는 물권행위의 무인성이 부정되기 때문이기도 하다. 계약의 효력이 부정되더라도 물권의 변동이 유효하다고 하면 더이상 무권리자가 아니기 때문에 이로부터 유효한 거래를 통해 권리를 이전받은 사람은 원칙적으로 보호받게 된다.

4 다만 예외적으로 법률행위의 무효를 선의의 제3자에게 주장하지 못하는 경우(예컨대, 민법 제107조, 제108조, 제109조, 제110조) 더 나아가 선악의 불문하고 제3자에게 주장하지 못하는 경우(예컨대, "부동산 실권리자명의 등기에 관한 법률" 제4조)에는 그로 인해 제3자가 보호받게 되기도 한다

5 선의취득은 소유권을 취득하는 한 방법으로 규정되어 있다(민법 제2편 물권/제3장 소유권/제2절). 우리 법은 여기서 소유권을 취득하는 원인으로 취득시효(제245조 이하), 선의취득(제249조 이하), 무주물 선점(제252조), 유실물 습득(제253조), 매장물 발견(제254조 이하) 등을 규율하고 그 외에도 부합, 혼화, 가공 등 첨부의 경우 소유권 결정과 관련된 사항을 정하고 있다(제256조~제261조). 유실물과 관련해서는 "유실물법"이, 매장물과 관련해서는 "국가유산기본법" 등이 별도로 존재한다.

2311 돈은 제대로 주고 제대로 받읍시다

화폐(금전)의 발달이 거래에 미친 영향은 어마어마하다. 그만큼 현대의 거래에서는 **금전지급**이 매우 중요하다.[1] 금전은 그 특수성으로 인해 가치의 이전이 이루어지기만 하면 된다. 예정된 것과 다른 통화로 지급하는 것도 가능하고[2] 다른 물건이나 서비스와는 달리 장소가 문제되지도 않는다.[3] 최근에는 계좌이체와 같은 전산적인 방식이 통용되는데 간편하기도 하거니와 지급의 증거로도 활용될 수 있다.[4]

그러나 금전지급에 있어서도 여러 문제가 발생하고 이에 따라 민법에서도 다양한 규정을 두고 있다. 대표적인 내용으로는 지급된 금액이 지급하여야 할 금액에 미치지 못하는 경우(**변제의 충당**),[5] 제3자가 대신 지급하는 경우(**제3자의 변제**),[6] 제3자에게 잘못 지급하는 경우(**제3자에 대한 변제**)[7]가 그렇다. 어느 경우나 금전을 제대로 지급하고 받은 경우에는 발생하지 않을 문제들이다.

---

1 교환은 매매로 대체되었고, 임대차 등 현실의 거래 대부분에서 금전지급은 필수적 요소가 되었다.
2 민법에 따르면 채권의 목적이 어느 종류의 통화로 지급할 것인 경우에 그 통화가 변제기에 강제통용력을 잃은 때에는 채무자는 다른 통화로 변제하여야 한다고 하고(제376조), 외화의 경우에도 마찬가지이다(제377조). 심지어는 외화의 경우 우리나라 통화로 변제할 수도 있다(제378조).
3 특정물의 인도는 채권성립당시에 그 물건이 있던 장소에서 하는 것이 원칙이다(민법 제467조).
4 민법에는 금전지급의 증거로 영수증을 청구할 수 있도록 규정하고 있는데(민법 제474조) 최근에 그 필요성이 많이 감소되었다.
5 이 경우 변제된 금액을 어느 채권의 소멸에 연결시킬지에 대해서는, 당사자의 합의가 없는 한, 변제자가 이를 지정할 수 있고(민법 제476조: 지정충당), 당사자 누구도 지정하지 않을 경우에는 법에서 정한 순서대로 충당된다(민법 제477조: 법정충당). 단 합의가 없는 한, 비용, 이자, 원본 순이어야 한다(민법 제479조).
6 채무의 변제는 채무의 성질 또는 당사자의 의사표시로 제삼자의 변제를 허용하지 아니하는 때가 아닌 한 제3자도 할 수 있고, 이해관계있는 제3자는 채무자의 의사에 반하여도 할 수 있는데(민법 제469조), 이 경우 제3자는 자신이 대신 변제해 준 것을 원래 채무자에게 구상할 수 있고(민법 제341조, 제441조 등), 이를 보호하기 위해 원래는 소멸해야 할 채권자의 권리, 특히 담보물권이나 보증채권을 대신 행사할 수 있다(민법 제480조, 제481조: 변제자대위).
7 원래 채권자가 아닌 제3자에 대한 변제는 그 자체로 효력이 없으나, 일정한 경우 그 효력을 인정하고 있다(민법 제470조, 제471조, 제472조). 효력이 없으면 이를 회수하여 원래 채권자에게 변제하면 되지만, 회수를 하지 못할 위험을 잘못 변제한 자가 부담하게 되고, 효력이 있다면 채권자가 변제받지 못할 위험을 부담하게 된다.

계약금

금전지급을 어떻게 할지는 당사자가 합의로 결정할 문제이다. 그런데 금전을 일시에 지급하는 것이 일반적인 현실매매의 경우가 아니라, 그 금액이 크고 계약시와 이행시 사이에 간격이 존재하는 거래, 대표적으로 부동산 거래에서는 관행적으로 전체 금전 중 일부분을 계약시 지급하고 있다. 이를 **계약금**이라고 하고, 추후 '잔금'은 부동산의 소유권을 받으면서 동시에 지급하는 것이 보통이다. 그리고 우리 민법은 이에 대해, 매매의 당사자 일방이 계약당시에 금전 기타 물건을 계약금, 보증금등의 명목으로 상대방에게 교부한 때에는 당사자 간에 다른 약정이 없는 한 당사자의 일방이 이행에 착수할 때까지 교부자는 이를 포기하고 수령자는 그 배액을 상환하여 매매계약을 해제할 수 있다고 규정하고 있다(민법 제565조: **해약금**).[8] 원래 계약은 한번 성립하면 쉽게 해제할 수 없는 것이지만, 계약 초기에 한해 이와 같은 예외를 인정하고 있는 것이다.

이러한 계약금합의는 주거래에 대한 종된 지위를 가지며, 실질적인 계약금의 지급이 있어야만 효력이 있다.[9] 합의된 계약금의 일부만 지급한 경우에도 효력이 없는데, 이 경우 위 규정에 따라 계약을 해제하려면 약정된 금액이 기준이 되어야 한다는 대법원의 판결이 있다.[10]

계약금은 관행적으로 계약전체금액의 10% 정도이지만 이는 당사자의 합의로 변경할 수 있고, 계약금 수수시의 법률관계 역시 당사자가 정하기 나름이다. 별도의 다른 합의가 명시적으로 존재하지 않는다면 민법 제565조가 적용되지만, 많은 거래에서 위와 동일한 내용을 명시적으로 합의하기도 한다. 동시에 계약위반으로 인한 손해배상액을 미리 정해둠에 있어 계약금을 기준으로 한다는 합의를 하기도 한다.[11]

---

8 계약 중 매매에서 규정되어 있지만(민법 제3편 채권/제2장 계약/제3절), 매매규정은 유상계약에 준용되므로(민법 제567조), 대부분의 거래에서 계약금이 지급되는 경우 이 규정이 적용될 수 있다.

9 즉 '요물계약'이다.

10 대법원 2015. 4. 23. 선고 2014다231378 판결 아이러니하게도 계약금 합의가 이예 없거나 계약금 합의의 효력이 없으면, 계약은 원래 함부로 해제할 수 있는 것이 아니기 때문에, 계약은 상대방의 계약위반이 있는 경우에만 해제가 되어 계약금 합의의 효력이 있는 경우보다 구속력이 더 강해진다.

11 계약위반시 손해배상액은 미리 정해놓을 수 있다(민법 제398조). 참고로 계약금 합의의 효력이 없더라도 이를 기준으로 한 손해배상액의 예정은 효력이 있다는 것이 대법원의 입장이다(대법원 2015. 4. 23. 선고 2014다231378 판결).

좀 더 알아봅시다 3: 법정권리에는 뭔가 특별한 것이 있다

법률행위는 당사자의 의사대로 법률관계가 바뀌지만, 법률행위가 없는 경우에도 법률관계가 변동되기도 한다. 이러한 원인에는 행위와 무관한 사건도 있지만, 일정한 행위에 법에서 정한 효과가 인정되는 경우도 있다. 이에는 최고나 선점과 같은 경우 외에도,[1] 법정지상권, 유치권 등과 같은 물권을 발생시키는 것들도 있고, 취득시효, 구상권과 같이 채권을 발생시키는 것들도 있다.[2]

이러한 권리들은 당사자의 의사가 아닌 법률의 규정에 의해 성립되므로 그만큼 이를 둘러싼 갈등도 첨예하고 요건도 엄격하게 다루어질 수밖에 없다. 예컨대 법정지상권은 원래 한 사람의 소유였던 토지와 건물이 경매 등을 이유로 소유자가 달라진 경우 건물의 소유자에게 토지의 이용가치에 대한 직접적인 지배권, 즉 지상권[3]을 부여하는 것으로, 그 이해관계자들의 이익을 조정하기 위한 많은 분쟁과, 이에 따른 법원의 판결들이 이루어진 바 있다.[4] 유치권도 당사자의 합의가 아니라 법에 의해서 인정되는 담보물권으로[5] 이로 인한 다른 이해관계자들의 권리침해가 심해 최근까지 그 제도의 폐지가 논의되고 있는 실정이다.[6] 취득시효는 일정한 기간 물건을 점유함으로써 그 권리를 취득하는 제도로 특히 부동산을 점유함으로써 소유권자로서 등기할 수 있는 권리가 생기는 경우가 현실에서 많이 문제된다(민법 제245조 제1항).[7] 거래가 아닌 다른 방식, 심지어는 무단점거의 경우를 합법적으로 인정하는 것으로 과거에는 어느 정도 그 역할을 인정받았지만 현대사회에서는 그 입지가 많이 좁아져 있고, 법원 역시 이 제도의 요건을 문언의 범위를 넘어 제한하고 있는 상황이다.[8]

---

1 '준법률행위'로 분류되는 것들이다.
2 법규정에 의해서 채권이 인정되는 경우로는 통상적으로 제3편 채권에서 제3장 사무관리, 제4장 부당이득, 제5장 불법행위를 언급되며, 이를 제2장 계약과 구별하여 '법정채권'이라고 묶어서 지칭하지만, 이 경우에만 법정채권이 성립되는 것도 아니고, 제각각 독립된 특징을 가지므로, 각기 별개의 제도로 접근하는 것이 오히려 용이할 수 있다.
3 지상권은 민법에서 규정하고 있는 물권으로(민법 제2편 물권/제4장), 원칙적으로 당사자의 합의와 등기로 성립한다. 법정지상권은 법의 규정에 의해서 성립하는 것이고, 대표적으로 그 발생이 저당권과 관련되어 있어 저당권과 관련하여 규정하고 있다(민법 제366조).
4 이해관계자 중 가장 중요한 사람은 법정지상권의 직접당사자가 될 토지소유자나 건물소유자가 아니라 이 경우 경매를 통해 자신의 권리를 보장받으려는 채권자이다(담보물권을 갖춘 경우에만 의미가 있고 담보물권이 성립한 이후의 사정에 의해서 담보물권자의 이익을 해할 수가 없으므로 최우선저당권자가 가장 중요하다). 토지소유자나 건물소유자는 채권자의 이익을 해하지 않기 위한 법의 결론에 따라 미리 계산하고 행동하는 수밖에 없다.
5 민법 물권편 제7장에서 규정하고 있다.
6 이 경우 피해를 입는 이해관계자가 유치권자와 마찬가지의 입장에 있는 다른 채권자들이다. 특히 유치권자는 성립순서대로 우선순위가 결정되는 담보물권의 질서에서 벗어나 채권의 변제를 받을 때까지 물건을 유치할 효력이 있어 채권자간의 우선순위를 많이 훼손한다.
7 소유권의 취득이 주로 문제되어 소유권의 취득과 관련하여 규정되어 있지만(민법 제2편 물권/제3장 소유권/제2절), 다른 재산권에도 준용된다(제248조).
8 대표적으로 법원은 '악의의 무단점유'시 점유취득시효를 인정하지 않는데(대법원 1997. 8. 21. 선고 95다28625 전원합의체 판결), 이는 법문에 없는 선의의 점유를 요구하는 것이다.

다만 구상권은 자기가 부담하지 않아도 될 비용을 지출한 사람에게 그 비용의 전부 또는 일부를 이를 궁극적으로 부담하여야 할 사람으로부터 상환받을 수 있도록 하는 경우로 널리 인정되고, 민법에서도 변제자대위(제480조, 제481조) 등의 제도를 통해 구상권자를 보호하고 있다.

법률의 규정에 의해서 발생된 권리에 대해서는 당사자의 의사에 의해 만들어지는 권리에 비해 특별한 취급이 이루어지기도 한다. 그것은 그 특수성이 반영된 결과이기도 하지만, 이에 따라 다소 독특하다고 볼 수 있는 현상이 발견되기도 한다.

법률규정에 의한 물권의 변동이므로 등기가 없이도 권리가 성립하는데(민법 제187조 본문). 그러나 등기를 하지 않으면 권리를 처분하지 못한다(단서). 법정지상권을 예로 들자면, 법정지상권이 성립한 후 건물을 거래시,[9] 법정지상권 거래에 대한 합의가 없어도 이러한 거래가 있다고 인정되지만,[10] 이에 대해서 등기하지 않으면 법정지상권은 이전되지 않고,[11] 이를 위해서는 법정지상권을 등기하고 다시 이를 이전하여야 한다.[12] 권리에 따라서는 등기되지 않음은 큰 문제점으로 작용하기도 한다. 등기는 권리를 공시하는 것이 가장 중요한 기능인데, 유치권은 그 강력한 효과에도 불구하고 공시가 되지 않아 원래의 문제를 더 악화시킨다.[13]

법률의 규정에 의해 채권이 발생한 경우에도 채권에 대한 일반적인 내용이 적용되는 것은 당연하다고 해야겠지만, 실제 법운용에 있어서는 혼란이 존재한다. 채무가 이행되지 않아 채권이 만족되지 않은 경우에 채무불이행이 문제되는데, 취득시효로 취득한 채권이 만족되지 않은 경우 채무불이행규정이 적용되지 않는다는 법원의 판결이 있다.[14] 법정채권도 채권으로 보는 한 위와 같은 태도는 논리적으로 문제가 있지만, 그만큼 일반적인 채권관계와 다르다고 볼만한 특징이 있는 것은 아닌지 생각해 볼 일이다.

---

9 법정지상권은 건물의 존속을 위해 필요한 것이므로 통상 법정지상권만 따로 거래하지는 않는다.
10 종물은 수물의 처분에 따른다는 민법 제100조 제2항이 유추적용된 결과이다.
11 거래에 의한 경우이므로 민법 제186조가 적용된다.
12 법정지상권의 '부기등기'가 이루어진다.
13 유치권의 요건 중 점유가 중요한 이유이다(민법 제320조 참조).
14 대법원 1995. 7. 11. 선고 94다4509 판결.

2312 행위시에도 갖출 건 갖춥시다

가장 대표적인 예인 계약에서 알 수 있듯이, 법률행위는 원칙적으로 자유롭고, 행위가 있으면 행위자의 의사대로 효과가 발생한다. 민법의 총칙에서는 법률행위를 규정함에 있어 가장 중점을 두고 있는 부분은, **법률행위**가 법적으로 **효력**을 가지기 위해서 요구되는 요건에 대한 것이다. 이러한 요건들을 갖추지 못한 경우 법률행위의 효력이 인정될 수 없음은 당연하다.[1]

법률행위는 우선적으로 그 내용이 어느 정도 확정가능해야 하고(**확정성**),[2] 무엇보다 법률행위는 법질서의 테두리 안에서만 인정되는 것이므로 그 내용이 법에 위반되지 않을 것(**적법성**),[3] 더 나아가 사회적으로 타당해야 할 것(**사회적 타당성**)이 요구된다. 사회적으로 타당할 것은 결국 법전체질서에 위배되는지 여부를 판단하는 것이기 때문에 적법성과 마찬가지이지만, 미처 법에서 규정하지 못한 사항들을 사후적으로 대처하기 위해 존재하는 개념으로 보면 된다.[4] 또한 사회경제적인 측면에서 그 이행이 가능하다는 것(**가능성**)이 요구되는지가 문제되는데, 특히 계약의 경우에는 우리법 내에서도 서로 상반된 규정이 공존하고 있어 주의를 요한다.[5]

위 요건들 중 특히 민법에서 규정하고 있는 것은 사회적 타당성에 대한 것이다. 즉 우리 민법 제103조는 선량한 풍속 기타 사회질서에 위반한 사항을 내용으로 하는 법률행위는 무효로 한다고 규정하고 있다.

---

1 준법률행위에도 성질이 허용하는 한 법률행위에 대한 규정이 유추적용되는데, 특히 갖추어야 할 요건들에 대한 것이 이에 해당할 것이다.
2 계약의 경우를 보면, 어떤 계약인지를 모를 만큼의 합의에 대해서는 그 당사자들 간에도 효력이 있다고 할 수 없을 것이다.
3 이 경우의 법규정은 '강행규정'만을 의미한다. 그런데 일정한 강행규정은 그 위반시 공법적인 규제를 하는 것 이외에 사법상 행위의 효력을 부정하지 않기도 하는데, 이러한 규정을 특히 '단속규정'이라고 한다. 주로 절차를 위반한 행위에 대해서 이와 같이 예외적으로 효력을 긍정하기도 한다. 중간생략등기금지나 주택전매제한 등에서 그 예를 확인할 수 있다.
4 따라서 적법성은 사회적 타당성에 포함된다고도 볼 수 있겠지만, 강행규정 중에는 정책적인 이유로 법에서 금지하고 있는 경우도 있어 강행규정 위반이 항상 사회적 타당성 없음으로 이어지는 것은 아니다.
5 민법 제535조는 이행이 가능하지 않은 내용의 계약은 의미가 없음을 전제로 하고 있는데 반해 민법 제569조는 타인의 권리에 대한 거래도 가능하다고 하고 있다.

법률행위의 요건

행위가 요건을 갖추었는지는 앞서 행위가 **성립**하여 존재하는지를 먼저 따져야 할 경우도 있다. 특히 계약의 경우에는 서로의 합의가 있어야 하고, 합의가 없는 경우에는 행위가 없다.[6] 때때로 특정한 방식이 요구되는 경우에는 이를 갖추어야 함도 물론이다.[7]

그러나 위 요건을 갖춘 법률행위도 일정한 경우 **효력**을 부정당하기도 한다. 당사자에게 의사능력이 없거나, 미성년자로 취소한 경우가 그렇고, 법률행위의 내용이 확정성, 적법성, 사회적 타당성을 갖추지 못한 경우도 그렇다. 더 나아가 우리 민법에서는 법률행위가 당사자의 진의(때때로 동기를 의미)와 다른 경우, 즉 법률행위를 구성하는 의사표시에서 의사와 표시가 다르거나 그 의사표시를 하는 과정에서 문제가 있는 경우에 법률행위의 효력을 부정할 수 있도록 하고 있다.[8] 그 외에도 대리행위시 대리권이 없거나, 행위에 조건이나 기한을 붙여둔 경우에도 그 행위의 효력은 부정될 수 있다.[9]

행위의 성립이 인정된 후 그 효력이 있는지를 다시 살펴보는 것은 논리적으로는 당연하다고 하겠지만, 그 결과에 있어서는 법적으로 효력이 있는 행위는 없는 것이 되므로 그러한 의미에서는 동일하게 받아들여질 수도 있다.

---

6 이때 합의를 구성하는 각자의 의사표시는, 물론 계약의 내용에 있어 매우 중요한 부분을 차지하지만, 그 자체로는 행위라고 할 수 없다.

7 행위에 요구되는 등기나 신고 등이 이에 해당될 수 있다. 또한 대표적인 신분행위라고 할 수 있는 '유언'은 그 방식이 중요하다(민법 제1065조 이하). 유언은 민법에서 상속과 관련하여 규정하고 있다(민법 제5편 상속/제2장).

8 법률행위를 구성하는 가장 중요한 요소인 의사표시에서 이러한 사항을 규정하고 있다(민법 제1편 총칙/제5장 법률행위/제2절).

9 법률행위 중 제3절 대리, 제5절 조건과 기한 참조. 법률행위에 대한 규정은 제1절 총칙부터 제2절 의사표시, 제3절 대리, 제4절 무효와 취소, 제5절 조건과 기한까지 그 유효성에 대한 내용이 주를 이룬다.

2313 이런 내용의 법률행위는 안됩니다

법에서 금지하는 내용의 **법률행위**에 **효력**을 인정한다면 그건 법을 지키지 않아도 된다는 것에 법적 구속력을 가하는 것으로 모순이다. 따라서 법에서 금지하는 법률행위, 특히 당사자가 자유롭게 내용을 결정할 수 있다는 계약일지라도, 그 효력을 인정할 수는 없다.

명시적인 **규정**을 **위반**한 경우로는 이자제한법보다 높은 이율로 금전소비대차계약을 체결한 경우나, 토지거래허가구역 내의 토지를 허가를 받지 않은 상태에서 거래를 위한 계약을 성립시킨 경우[1]를 예로 들 수 있다. 주택임대차에 있어서 2년에 미치지 못하는 계약도 법규정 위반으로 효력이 없다.[2]

민법 제103조와 같은 일반규정에서는 **선량한 풍속 기타 사회질서**에 **위반**하는 내용의 법률행위는 무효로 한다고 한다. 미처 법으로 금지하지 못한 내용을 사회적으로 타당하지 않다는 이유로 규제하는 것이다.[3] 법규정이 촘촘히 마련되어 있는 경우는 그 적용의 실익이 크지 않을 것이다. 법원은 도박자금에 제공할 목적으로 금전의 대차를 한 경우,[4] 부동산에 대해 이중으로 매매계약을 체결한 경우에 제2매수인이 매도인의 배임행위에 적극가담한 경우(소위 이중매매)[5] 등의 경우에 민법 제103조에 위반되는 것으로 본 적이 있다. 우리 민법에서는 당사자의 궁박, 경솔 또는 무경험으로 인하여 현저하게 공정을 잃은 법률행위도 무효로 보고 있다(제104조).

---

1 다만 이 경우 대법원은 사후적으로 허가를 받으면 계약이 유효하고, 무효인 계약임에도 허가를 위해 당사자 간에 협력의무가 존재한다고 본다(대법원 1991. 12. 24. 선고 90다12243 전원합의체 판결 등). 특히 이러한 경우를 '유동적 무효'라고 한다. 원래 무효는 민법 제139조에서 확인할 수 있듯이 추인도 되지 않아 '확정적 무효'가 원칙이지만, 민법에서도 무권대리의 경우에도 비슷한 경우를 인정하고 있다.
2 "주택임대차보호법"에서는 기간을 정하지 아니하거나 2년 미만으로 정한 임대차는 그 기간을 2년으로 본다고 규정하고 있다(제4조).
3 이러한 일반규정은 그 기준이 모호하여 사람마다 그 결론이 다를 수 있어 그 적용을 매우 엄격하게 할 필요가 있다. 보다 엄격해야 할 형사법에서는 이러한 일반규정은 존재할 수 없다. 그러나 사법에서는 이러한 규정을 도처에서 발견할 수 있다. 대표적으로 "약관의 규제에 관한 법률" 제6조에서는 신의성실의 원칙을 위반하여 공정성을 잃은 약관 조항은 무효이라고 하고 있는데, 신의성실 역시 대표적인 일반규정이라고 할 수 있다.
4 대법원 1973. 5. 22. 선고 72다2249 판결.
5 대법원 1994. 3. 11. 선고 93다55289 판결.

법률행위의 자유에 대한 법의 개입방식

개인의 자유가 가장 중요한 민법 혹은 사법에서, 그중에서도 가장 자유로운 법률행위, 무엇보다 계약에서도, 법에 의해 통제되는 내용이 점점 늘어가고 있다. 민법과 같은 일반법에도 그 모습이 없는 것은 아니지만, 대부분 특별법을 중심으로 하고 있다. 이들 특별법은 공사법의 구별로부터도 비교적 자유롭게, 단순히 위반행위의 효력만 부정되는 것이 아니라, 형벌이나 과태료와 같은 공법적 규제도 따르고 있는 상황이다.

이러한 법에 의한 통제에는 **내용에 대한 통제**만 있는 것은 아니다. 가장 중심이 되는 것은 누가 뭐래도 내용에 대한 통제겠지만, 거래에 있어 계약서를 반드시 필수로 하는 것이나 그 형식을 미리 정해두고 있는 것과 같은 **방식에 대한 통제**, 일정한 상대와의 거래를 강제하는 **상대방선택에 대한 통제**, 더 나아가 전화, 전기, 가스, 대중교통과 같은 공공재에 있어서는 **거래 여부 자체에 대한 통제**도 이루어지고 있다.

결국 법률행위의 자유란 그 자체로 관철되지 않고 많은 부분에서 제한되고 있다. 개개의 법률행위를 함에 있어 제한사항을 제대로 지키지 못하면 행위의 효력이 부정될 수 있으므로 관련사항을 잘 확인하는 것이 중요하다.

2314 법률행위의 핵심은 의사표시

사람과 사람 사이의 권리와 의무, 즉 법률관계에 변화를 주는 것에 법률행위만 있는 것이 아님에도 법률행위가 가장 중요한 것은 이것이 당사자가 가진 자유로운 의사의 표현, 즉 **의사표시**를 담고 있기 때문이다. 권리와 의무에 대한 법률관계의 변동과 같이 의욕하는 바를 담고 있어야 하므로 단순히 외부로 표시하는 것만으로는 이에 해당되지 않을 수 있다.[1]

가장 대표적인 법률행위인 계약에서 확인할 수 있듯이, 의사표시가 곧 법률행위 그 자체는 아니다.[2] 그럼에도 의사표시는 법률행위의 가장 핵심적인 부분이므로[3] 법률행위를 제대로 이해하기 위해서는 의사표시를 면밀히 살펴보는 것이 필요하다. 그래서 민법에서도 법률행위를 규율함에 있어 의사표시에 대한 별도의 규정을 두고 있다(민법 제1편 총칙/제5장 법률행위/제2절 의사표시).

의사표시에 대한 민법규정에서는, 의사표시에 문제가 있을 경우에 계약의 효력이 부정될 수 있다는 점이 중요하게 다루어지지만, 이 외에도, 상대방이 있는 의사표시는 상대방에게 도달한 때에 그 효력이 생기고 의사표시자가 그 통지를 발송한 후 사망하거나 제한능력자가 되어도 의사표시의 효력에 영향을 미치지 아니하고(제111조 제2항), 의사표시의 상대방이 의사표시를 받은 때에 제한능력자인 경우에는 의사표시자는 그 의사표시로써 대항할 수 없으며(제112조), 의사표시를 한 자가 과실없이 상대방을 알지 못하거나 상대방의 소재를 알지 못하는 경우에는 의사표시는 민사소송법 공시송달의 규정에 의하여 송달할 수 있다고 한다(제113조).[4] 특히 이러한 내용들은 전체 법질서에서 그대로 통용된다.[5]

---

1 때때로 '의사의 통지'나 '관념의 통지'와 같은 '준법률행위'에 해당되기도 한다.
2 계약을 성립시키는 청약과 승낙이 바로 의사표시에 해당한다.
3 결국 의사표시(그중에서도 청약)의 내용이 곧 계약의 내용이 된다.
4 "민사소송법"에 따르면 '공시송달'은 법원사무관등이 송달할 서류를 보관하고 그 사유를 법원게시판에 게시하거나, 그 밖에 대법원규칙이 정하는 방법에 따라서 하여야 하고(제195조), 실시한 날부터 2주가 지나야 효력이 생긴다(제196조). 의사표시가 도달한 것으로 보는 것이다(간주).
5 정작 의사표시에 문제가 있는 경우에 대해서는 각각의 영역에서 특별한 규율이 이루어지고 있다. 예컨대, 친족상속법에서는 독자적으로 행위의 효력에 대해서 정하고 있다(예컨대 혼인의 무효와 취소에 대한 제815조, 제816조). 공법상 행위나 소송행위에 대해서도 유효성에 대한 민법규정들은 적용되지 않는다고 보는 것이 일반적이다.

의사표시의 효력발생

상대방 없는 의사표시는 표시와 동시에 효력이 발생하겠지만, 상대방이 있는 의사표시는 그 의사표시가 상대방에게 **도달**하였을 때 효력이 발생함은 너무 당연한 것이라고 할 수 있다.[6] 실제로 상대방이 그 내용을 인식하였는지는 문제되지 않는다. 그렇게 되면 의사표시의 효력발생이 상대방에 의해서 좌우될 수 있기 때문이다.

다만 우리법은 때때로 도달이 아닌 **발송**한 때를 효력발생시점으로 보기도 하고(예컨대, 민법 제531조), 발송함으로써 그 행위를 다한 것으로 보기도 한다(예컨대, 민법 제15조, 제131조). 그러나 이러한 경우에도 의사표시가 도달이 되어야 함은 당연한 전제가 되므로 실제로 도달하지 않은 경우에는 효력이 발생할 일은 없다. 의사표시의 도달 유무는 의사표시의 효력을 주장하는 자, 즉 의사표시자가 이를 증명하여야 한다.[7]

위와 같은 규정은 우편으로 의사를 표시하던 과거의 상황을 전제로 하였고, 통신기술이 발달할 현대에는 표시와 도달 사이에 시차가 없어 위와 같은 문제가 발생할 여지는 줄어들었지만, 그럼에도 의사표시에 있어 상대방의 인식가능여부가 매우 중요하다는 점을 분명히 한다는 점에서 여전히 의미를 가진다고 할 것이다. 결국, 상대방이 인식불가능한 의사표시의 효력은 어떤 경우에도 인정될 수 없다고 할 것이다.

---

6 때문에 의사표시가 도달하기 전에는 언제든 이를 회수할 수 있다. 의사표시가 도달한 후에는 더 이상 이를 회수할 수 없으며, 특히 계약을 성립시킬 청약은 철회하지 못한다(민법 제527조).

7 예외적으로 법에서 발송을 기준으로 한 때에 발송만을 증명해도 된다고 볼 경우에두 상대방이 이사표시가 도달하지 않았음을 증명한 경우에는 의사표시의 효력은 발생되지 않는다고 할 것이다. 의사표시의 도달을 증명해야 하는 경우에는 도달사실을 증명하는 '등기우편' 제도를 활용할 수 있다. 참고로 내용까지 증명하는 등기우편도 있는데 이를 '내용증명'이라고 한다. 내용증명은 일반적인 등기우편과는 달리 그 우편의 내용을 기관(우체국)에서 보관하여 추후 이를 증거자료로 사용할 수 있다. 최근에는 통신기술의 발전으로 그 증명이 더 용이해지기도 했다(이메일이나 카카오톡과 같은 메신저서비스의 경우를 생각해 보라).

2315 애매한 내용은 명확하게

법률행위 혹은 의사표시는 명확하게 해야 한다. 그러나 사람이 하는 의사표시라는 건 때때로 사람에 따라 다르게 이해되기도 한다. 특히 상대방이 있는 의사표시의 경우 의사표시를 한 자가 이해한 바와 일반적으로 받아들여지는 바가 다르다면 어떻게 될 것인가? 이 경우 의사표시는 하나의 기준 아래 정렬되어야 한다. 바로 **법률행위(혹은 의사표시)의 해석**이 필요한 순간이다. 이에 대해서는 의사표시를 한 자의 **진의(진정한 의사)**를 기준으로 하여야 한다는 입장도 있지만, 상대방이 있는 의사표시는 상대방에게 어떻게 받아들여질 수 있는지, 즉 **표시된 바의 객관적 의미**를 따지는 것이 옳을 것이다.[1]

특히 계약의 경우에 서로의 의사가 다르게 해석된다면, 합의가 이루어지지 않아 계약은 성립하지 않을 것이다. 그러나 서로의 의사는 달랐으나 표시된 바가 동일한 의미를 가지는 것으로 해석된다면 이 경우 계약은 성립하지만[2] 이 경우 둘 중 한사람은 자신의 진의(혹은 동기)와 성립된 계약의 내용이 달라 원하지 않은 계약을 체결한 결과가 될 것이다.

예외적으로 표시된 바를 무시하고 당사자의 의사대로 계약이 해석되는 경우도 있다. 이는 표시된 바와 다른 당사자의 합의가 인정되는 경우인데, 이 경우는 **잘못된 표시는 해가 되지 않는다(falsa demonstratio non nocet: 오표시무해)**는 사고의 결과라고 한다.[3] 이 경우는 행위자의 의사와 표시된 바가 불일치하는 것과 같은 문제는 발생하지 않는다.

---

1 대법원도 "법률행위는 당사자의 내심적 의사의 여하에 관계없이 당사자가 그 표시행위에 부여한 객관적 의미를 합리적으로 해석하여야(대법원 2001. 1. 19. 선고 2000다33607 판결)" 한다고 판시하고 있다. 참고로 표시된 대로 해석하는 것을 '규범적 해석', 당사자의 진의대로 해석하는 것을 '자연적 해석'이라고 하고, 어느 것을 중심으로 하느냐에 따라 '표시주의'와 '의사주의'로 나뉘기도 한다.
2 현실에서는 계약은 주로 계약서라는 공통된 문서에 의해 그 내용이 확인되므로, 많은 경우 계약서대로 계약이 성립한다.
3 대법원도 부동산의 매매계약에 있어 쌍방 당사자가 모두 특정의 갑 토지를 계약의 목적물로 삼았으나 그 목적물의 지번 등에 관하여 착오를 일으켜 계약을 체결함에 있어서는 계약서상 그 목적물을 갑 토지와는 별개인 을 토지로 표시하였다 하여도 갑 토지에 관하여 이를 매매의 목적물로 한다는 쌍방 당사자의 의사합치가 있은 이상 위 매매계약은 갑 토지에 관하여 성립한 것으로 보아야 할 것이고 을 토지에 관하여 매매계약이 체결된 것으로 보아서는 안 될 것이라고 하여 이러한 경우를 인정한 바 있다(대법원 1996. 8. 20. 선고 96다19581, 19598 판결).

법률행위의 내용을 형성하는 것들

의사표시자와 상대방 중 누구를 기준으로 할 것인지의 문제가 있지만, 법률행위의 내용은 **당사자**가 자유롭게 **결정**할 수 있으므로 이를 최우선으로 하여 결정된다. 그렇지만 그 해석된 바가 모호하다거나 아예 관련 부분에 대한 의사를 확인할 수 없는 경우 법률행위의 내용은 다른 것에 의해 보충될 수도 있다.[4]

이러한 경우 당사자의 **잠정적 의사**를 바탕으로 하거나,[5] 당사자가 합의로 배제하지 않은 **임의규정**이 그대로 적용되기도 한다. 또한 법령 중의 선량한 풍속 기타 사회질서에 관계없는 규정과 다른 **관습**이 있는 경우에 당사자의 의사가 명확하지 아니한 때에는 그 관습에 의한다(민법 제106조).[6]

합의에 이르기까지 서로 오고간 교섭과 흥정의 내용은 계약의 내용을 구성하지 못한다.[7] 마찬가지로, 법률행위로 표시된 것 이외에는 그 내용을 구성하지 못한다.[8] 특히 법률행위를 하게 한 목적 혹은 동기는 그 행위를 한 사람에게는 무엇보다 중요한 것이겠지만, 상대방이 이를 알 수가 없으므로 법률행위의 내용이 되지 못한다.

---

4 물론 법률행위가 무엇을 의미하는 지를 모를 정도라면 그 확정성이 없다고 할 것이어서 아예 법률행위의 효력이 부정되기도 하고, 심지어는 불성립되기도 할 것이다.

5 이를 '보충적 해석'이라고 하여, 당사자의 진의대로 해석하는 '자연적 해석'이나 표시된 대로 해석하는 '규범적 해석'과 구별한다. 자연적 해석과 규범적 해석은 동시에 이루어질 수 없으며, 보충적 해석은 위 두 가지 해석방법에 의해 계약의 내용이 확정된 후 필요에 따라 이루어진다.

6 이 경우를 관습법과 구별하여 '사실인 관습'이라고 하고, 당연히 관습법과 같은 규범성은 없다.

7 이런 점을 계약서에 명시하기도 하는데, 그러한 조항을 완결조항(integration/merger clause)이라고 한다

8 우리 법원은 아주 예외적인 상황에서 합의가 이루어지기 전에 이루어진 광고의 내용을 계약의 내용으로 편입시키는 판결을 한 바 있다. '선분양 후시공'으로 이루어지는 아파트 분양에 있어 광고의 내용을 계약의 내용으로 하기로 하는 묵시적 합의를 인정하였다(대법원 2007. 6. 1. 선고 2005다5812, 5829, 5836 판결). 같은 아파트 분양이라도 '선시공 후분양'의 경우에는 이를 인정하지 않았다(대법원 2014. 11. 13. 선고 2012다29601 판결).

2316 내가 원하지 않은 행위를 했다면

원했던 행위와 실제로 이루어진 행위가 다른 경우 **표시**되어, 실제로 이루어진 행위대로 법적 효력은 발생하고, 이 경우 그 행위자는 원치 않은 결과에 구속될 수밖에 없는 상황이 된다. 이러한 결론은 사회 속에서 생활하는 우리에게 있어서는 지극히 당연한 결과가 된다.

그런데 원래 행위란 사람이 원했던 **진의**대로 이루어져야 하는 것이다. 이러한 점에 주목한다면 자신의 뜻과 다른 행위를 한 사람의 그 행위는 효력이 부정되어야 마땅한 것인지도 모른다. 이것이 우리법에서도 행위가 진의와 다를 경우 그 효력을 부정할 수 있도록 하고 있는 이유일 것이다. 더 나아가 상대방으로 인하여 의사표시의 형성과정에 문제가 있는 경우에도 법률행위의 효력을 부정할 수 있도록 하고 있다.

결국 이는 의사표시의 문제이므로, 우리 민법에서도 법률행위와 관련하여 별도의 목차를 두고 이를 규율하고 있다(민법 제1편 총칙/제5장 법률행위/제2절). 이에는 '진의 아닌 의사표시(민법 제107조)', '통정한 허위의 의사표시(민법 제108조)', '착오로 인한 의사표시(민법 제109조)', '사기, 강박에 의한 의사표시(민법 제110조)' 총 4가지가 있다. 앞의 세 가지는 진의와 행위의 뜻이 다른 경우이고, 마지막은 의사표시의 형성과정에 문제가 있는 경우이다.[1]

---

1 앞의 세 경우를 '의사의 흠결', 이 경우를 '하자있는 의사표시'로 구별하기도 한다. 다만 구체적인 운용에 있어 이러한 경계가 명확하지 않은 경우도 발생하기도 해서 주의를 요한다.

진의와 동기

행위의 **진의**라고 하면, 행위를 구성하는 의사표시의 의사, 즉 권리나 법률관계의 변동과 같이 의욕하는 바 그 자체를 의미한다. 이는 곧 그 행위의 내용이 된다.[2] 그러한 행위를 하게 된 **동기**나 그 행위를 해서 달성하려고 하는 목적과는 구별된다. 원칙적으로 동기나 목적은 행위의 효력에 아무런 영향이 없어야 한다. 상대방이 알 수 없는 경우도 많다. 그래서 우리법도 원칙적으로는 동기를 행위의 효력에 영향을 미치는 요소로부터 분리하고 있다. 그러나 우리 법원에서는 동기가 표시되어 상대방이 알 수 있었다와 같은 사정을 이유로 이를 법률행위의 내용으로 인정하고 있다.[3] 이 경우 동기는 행위의 효력에 영향을 미칠 수 있게 된다.

그러나 현실에서는 진의라고 하면 그 동기나 목적을 의미하기도 하고 실제로 그 구분이 쉽지 않은 경우도 많다. 이 경우 진의냐 동기냐에 따라 결과가 완전히 바뀌는 것은 양자를 구별하는데 있어서도 큰 부담으로 작용한다. 위에서 언급한 법원의 입장처럼 일정한 요건 하에 동기가 때때로 진의처럼 다루어지는 경우도 있지만, 이와 같은 요건이 갖추어졌는지에 무관하게 진의인지 동기인지의 문제는 행위의 효력에 대한 이곳저곳에서 미묘하게 작용하고 있다.[4]

---

2 계약의 경우, 이러한 진의는 청약에 담겨있고 상대의 승낙을 통해 계약의 내용을 구성한다. 통상 계약서를 통해서 확인된다.
3 대법원 2001. 2. 9. 선고 99다38613 판결.
4 도박자금을 목적으로 돈을 빌린 경우에 민법 제103조를 적용한 경우(대법원 1973. 5. 22. 선고 72다2249 판결)가 있는데, 법률행위가 아닌 동기를 기준으로 행위의 효력을 판단한 대표적인 경우이다.

2317 일부러 다른 행위를 한 경우도 상대가 알았다면

민법 제107조에서는 의사표시를 표의자가 진의아님을 알고 한 경우(**비진의의사표시**)에는 그 행위대로의 효력이 있지만 상대방이 표의자의 진의아님을 알았거나 이를 알 수 있었을 경우에는 무효로 한다고 규정하고 있고, 민법 제108조에서는 상대방과 통정한 허위의 의사표시(**통정허위표시**)는 무효로 한다고 하고 있다. 두 경우 모두 진의와 다른 행위를 일부러 한 경우로 구조는 동일하다. 원칙대로라면 행위한 대로 효력이 이루어져야 함에도 효력을 부정하는 것은 상대방이 진의를 알았거나 알 수 있었기 때문에, 더 나아가 상대방이 이런 행위자의 행위를 통정(공모)하였기 때문이다. 이러한 경우에 겉으로 드러난 행위보다 행위자의 진의에 더 집중하자는 것이 이 제도들의 특징이다.[1]

일부러 진의와 달리 행위를 하였다면, 이에는 숨겨진 다른 의도가 있을 수도 있다. 특히 서로 통정한 경우에는 더욱 그럴 것이다. 이러한 행위의 효력을 부정하여 거짓된 외관을 걷어내는 것이 이 제도의 기능일 수 있다. 증여를 하면서 매매의 외관을 만든 경우, 강제집행을 면하기 위해 재산을 빼돌린 경우가 그 예로서 언급된다.[2]

다만 그로 인해, 당사자가 아니지만 이들의 행위로 만들어진 외형에 새로운 이해관계를 가지는, 제3자가 피해를 볼 수 있다. 특히 우리법의 경우에는 행위가 무효가 되면 이에 따른 권리변동이 아예 일어나지 않았던 것으로 다루어지므로 제3자에게도 영향을 미칠 수 밖에 없다. 이러한 경우를 대비하여 두 경우 모두 선의의 제3자에게는 그 무효를 주장하지 못하도록 하고 있다(제107조 제2항, 제108조 제2항).[3]

---

1 다만 민법은 겉으로 드러난 행위의 효력을 부정하는 데 초점을 맞추고 있다. 특히 상대방과의 통정 속에 행위를 한 경우에는 겉으로 드러난 행위를 '가장행위(매매의 경우는 가장매매)'라고 하고 이에 의해 숨겨져 있을 수도 있는 진의대로의 행위를 '은닉행위'라고 하면서, 은닉행위에 효력을 부여할지는 전혀 별개로 파악한다.
2 허위의 외관을 만드는 제도 중 '명의신탁'이라는 것도 있다. 이는 물건의 소유자가 그 명의만을 다른 이에게 두는 것으로 특히 소유권이 등기에 따라 이전되는 부동산에서 의미를 가진다. 우리나라는 1995년부터 시행된 "부동산 실권리자명의 등기에 관한 법률"에 의해서 그 합의는 물론 이를 토대로 한 물권변동까지 효력이 부정하는데, 예외적으로 부동산에 관한 물권을 취득하기 위한 계약에서 명의수탁자가 어느 한쪽 당사자가 되는 이른바 '계약명의신탁'에서 상대방 당사자가 명의신탁약정이 있다는 사실을 알지 못한 경우에는 물권변동은 유효한 것으로 보고 있다(제4조 제1항, 제2항).
3 명의신탁의 경우에는 해당법에 의해 등기를 바탕으로 이해관계를 맺은 제3자는 선의가 아닌 경우에도 무조건적으로 보호를 받는다(제4조 제3항).

행위 혹은 표시의 중요성

비진의의사표시나 통정허위표시로 무효가 되는 경우는 실제 생활에서 많지 않다. 대표적으로 거론되는 예가 사직의 의사 없이 사직서를 제출하는 경우와 자신이 필요한 것도 아니면서 다른 사람을 위해 대신 대출을 받아주는 경우인데, 법원은 주로 그 행위, 즉 사직서 제출과 대출의 효력을 인정하고 있다. 사직은 유효하고, 대출은 빌린 사람이 갚아야 한다.

그 근거로는 이 경우는 진의와 행위가 일치하기 때문인데, 사직서 제출과 대출의 진의는 있었고, 다만 진정으로 바라는 바가 달랐다는 것은 동기나 목적에 대한 것으로 비진의의사표시나 통정허위표시에 해당하지 않는다.[4] 더 나아가 설령 진의와 다른 행위를 한 경우에 해당한다고 하더라도 대부분의 경우에는 상대방이 알았거나 알 수 있었다는 사정, 나아가 통정한 사정을 증명해내지 못하는 한 그 효력을 부정할 수 없다.[5]

실제로 행위의 효력이 부정된 사례가 아예 없지는 않지만[6] 표시된 바와 다른 진의, 그리고 동기나 목적을 근거로 행위의 효력을 부정할 수 있는 것은 매우 예외적이므로 실생활에서는 그 행위와 표시에 있어 주의해야 할 것이다.

---

4 사직서 제출이 문제된 대법원 2001. 1. 19. 선고 2000다51919, 51926 판결에서는 진의 아닌 의사표시에 있어서의 진의란 특정한 내용의 의사표시를 하고자 하는 표의자의 생각을 말하는 것이지 표의자가 진정으로 마음 속에서 바라는 사항을 뜻하는 것은 아니므로 표의자가 의사표시의 내용을 진정으로 마음 속에서 바라지는 아니하였다고 하더라도 당시의 상황에서는 그것이 최선이라고 판단하여 그 의사표시를 하였을 경우에는 이를 내심의 효과의사가 결여된 진의 아닌 의사표시라고 할 수 없다고 하고, 타인을 대신하여 대출한 것의 효력이 문제된 대법원 1997. 7. 25. 선고 97다8403 판결에서는 제3자가 채무자로 하여금 제3자를 대리하여 금융기관으로부터 대출을 받도록 하여 그 대출금을 채무자가 부동산의 매수자금으로 사용하는 것을 승낙하였을 뿐이라고 볼 수 있는 경우, 제3자의 의사는 특별한 사정이 없는 한 대출에 따른 경제적인 효과는 채무자에게 귀속시킬지라도 법률상의 효과는 자신에게 귀속시킴으로써 대출금채무에 대한 주채무자로서의 책임을 지겠다는 것으로 보아야 할 것이므로, 제3자가 대출을 받음에 있어서 한 표시행위의 의미가 제3자의 진의와는 다르다고 할 수 없다고 한다.
5 실제로 앞의 대법원 1997. 7. 25. 선고 97다8403 판결에서는 그러한 내용을 판시하고 있다.
6 예컨대, 대법원 2001. 5. 29. 선고 2001다11765 판결에서는 타인을 대신하여 대출한 경우에 있어서 통정허위표시를 이유로 대출 자체를 무효로 본 바 있다.

2318 착각했다고 행위를 무를 수 있을까요?

민법 제109조에서는 착오로 인해 행위를 한 경우에도 행위의 효력을 부정할 수 있도록 하고 있다. 이에 따르면 **착오로 인한 의사표시**는 법률행위의 내용의 중요부분에 착오가 있는 때 취소할 수 있으며,[1] 다만 그 착오가 표의자의 중대한 과실로 인한 것인 때에는 이를 제한하고 있다.[2] 이 경우 취소여부가 행위자에게 맞춰져 있어, 취소시 상대방에게 피해가 갈 수밖에 없기 때문에 어떤 경우에 취소를 인정할 수 있는지에 대해서는 수많은 논의가 존재한다.[3]

그런데 우리 법원은 **상대방이 착오를 유발하였거나 이를 알면서 이용한 경우(상대방에 의해 유발된 착오)**라면 이를 토대로 계약을 취소할 수 있도록 하고 있다. 이에 따르면 민법 제109조의 요건은 크게 중요하지 않고,[4] 심지어는 중과실이 있는 경우에도 취소를 인정하고 있다.[5] 이 경우 착오로 인한 의사표시를 취소할 수 있는지는 '상대방이 유발하였는지 여부'와 같은 상대방의 행태 그 하나에만 달려있다고 할 것이다.

취소는 당사자 간의 문제지만, 이를 바탕으로 새로운 이해관계를 맺은 제3자를 보호하기 위해 이 경우에도 취소는 선의의 제3자에게 대항하지 못하도록 하고 있다(제109조 제2항).

---

1 '중요부분의 착오'라 함은 표의자가 그러한 착오가 없었더라면 그 의사표시를 하지 않았으리라고 생각될 정도로, 보통 일반인도 표의자의 처지에 섰더라면 그러한 의사표시를 하지 않았으리라고 생각될 정도로 중요한 것을 의미한다(예컨대, 대법원 1999. 4. 23. 선고 98다45546 판결).
2 '중대한 과실'이라 함은 표의자의 직업, 행위의 종류, 목적 등에 비추어 당해 행위에 일반적으로 요구되는 주의를 현저하게 결여한 것을 의미한다(예컨대, 대법원 2000. 5. 12. 선고 2000다12259 판결).
3 그러한 논의에는 상대방과 관련하여 추가적인 요건을 도입하자는 입장도 있고, 취소가 인정됨으로 인하여 피해를 본 상대방에게 착오를 근거로 취소한 자로 하여금 손해배상을 하도록 하자는 입장도 있다. 특히 후자에 대해서 찬성하는 입장이 많았는데, 우리 법원은 지금까지 단 한 차례 착오취소자의 손해배상책임이 문제된 사안에 대해 이를 명시적으로 부정한 바 있다(대법원 1997. 8. 22. 선고 97다13023 판결).
4 대법원 1996. 7. 26. 선고 94다25964 판결 등에서는 민법 제109조의 요건은 이미 충족된 것으로 판단한다. 법원의 이러한 태도는 실정법 해석의 한계를 넘었다는 비판에서 자유로울 수 없다.
5 대법원 2014. 11. 27. 선고 2013다49794 판결은 상대방이 표의자의 착오를 알면서 이를 이용한 경우에 표의자에게 중대한 과실이 있더라도 표의자는 그 의사표시를 취소할 수 있다고 하였다.

동기의 착오

민법 제109조에 따라 취소할 수 있으려면 내용에 착오가 있어야 된다. 통상 말이 헛나왔거나, 행위의 의미를 다르게 이해해서 아예 다른 행위를 한 경우가 이에 해당한다. 예를 들어, 계약서에 가격을 적으면서 단위를 잘못 기재하거나(**표시상의 착오**),[6] 연대보증 서류를 신원보증 서류로 잘못 이해하고 서명하였을 때(**내용상의 착오**)[7]이다. 그런데 실제에 있어서는 대부분의 착오는 동기나 목적에 있기 마련이다. 시가를 잘못 알아 비싼 걸 싸게 사려고 했다거나, 부동산 가격이 오를 줄 알고 사려고 했는데 실제로는 그렇지 못한 경우가 통상적이다. 이런 **동기의 착오**는 당사자가 스스로 감수해야 하는 부분으로 행위의 효력에 영향을 미치도록 해서는 안 될 것이다.

그런데, 외국에서는 동기의 착오도 취소의 대상으로 삼고 있고, 우리 법원도 동기가 표시되어 상대방이 알 수 있을 경우는 이를 법률행위의 착오와 마찬가지로 보고 있다.[8] 또한 법원은 상대방이 착오를 유발하는 경우에는 민법 제109조의 요건을 완화하여 동기의 착오인 경우에도 이 규정이 적용되고, 더 나아가 동기가 표시될 것과 같은 요건도 요구하지 않는다. 다만 이러한 경우에는 상대방 보호의 필요성이 현저하지는 않은 것으로 볼 수 있어, 취소를 인정하는 것이 현실적으로는 큰 문제로 이어지지는 않는다.

동기의 착오에 있어서는 의사표시자뿐만 아니라 상대방도 동시에 **공통된 착오**에 빠지는 경우에 특별한 법원의 판결이 이루어진 바 있다.[9] 이 경우 행위의 효력을 부정하는 게 타당할 것이지만, 두 당사자가 착오를 알았더라면 공통적으로 다르게 행위했을 것이라고 판단될 경우에는 그 추정된 행위대로 효력을 인정하는 게 더 타당할 수 있다.[10]

---

6 대법원 2014. 11. 27. 선고 2013다49794 판결 참조.
7 대법원 2005. 5. 27. 선고 2004다43824 판결 참조.
8 대법원 2000. 5. 12. 선고 2000다12259 판결 등에서는, 동기의 착오가 법률행위의 내용의 **중요부분**의 착오에 해당함을 이유로 표의자가 법률행위를 취소하려면 그 동기를 당해 의사표시의 내용으로 삼을 것을 상대방에게 표시하고 의사표시의 해석상 법률행위의 내용으로 되어 있다고 인정되면 충분하고 당사자들 사이에 별도로 그 동기를 의사표시의 내용으로 삼기로 하는 합의까지 이루어질 필요는 없다고 한다.
9 공통의 착오가 법률행위 내용에 대한 것이었을 경우는 '오표시무해'가 적용되는 사례와 일치한다.
10 예컨대, 대법원 2006. 11. 23. 선고 2005다13288 판결에서는 보충적 해석이 동원된 바 있다.

2319 사기나 협박을 당한 거라면 그 행위는 부정되어야겠죠

사기나 협박을 당해서 행위를 했을 때 그 행위의 효력을 부정해야 함은 자명하다.[1] 민법은 **사기에 의한 의사표시, 강박에 의한 의사표시**는 취소될 수 있도록 하고 있다(제110조).[2] 이 경우는 원칙적으로는 진의와 다른 행위가 이루어진 경우가 아니다.

요건은 간단하지만, **고의**에 한정됨에 주의할 필요가 있다. 사기 혹은 강박으로 인해 원래대로라면 하지 않았을 의사표시를 한 경우라야 함은 당연하다. 상대방을 속이고 위협하는 모든 행위가 사기 혹은 강박이 되지는 않는다. 때때로 어느 정도의 과장이나 어느 정도의 위협은 사기나 강박으로 판단되지 않을 수도 있다.[3]

제3자가 사기나 강박을 한 경우에 상대방이 무관하다면 취소하지 못한다. 상대방에게 피해가 발생할 수 있기 때문이다. 그러나 상대방이 이와 관련되어 있다면 취소할 수 있도록 하는 게 타당할 것이다. 우리 민법 제110조 제2항에서는 상대방있는 의사표시에 관하여 제삼자가 사기나 강박을 행한 경우에는 상대방이 그 사실을 알았거나 알 수 있었을 경우에 한하여 그 의사표시를 취소할 수 있다고 규정하고 있다.

이 경우의 취소도 선의의 제3자에게 대항하지 못하도록 하고 있는 것도 의사표시에 대한 나머지 경우와 마찬가지이다(제110조 제3항).

---

1 행위의 효력을 부정하는 것은 많은 경우 자유의 제한으로 비춰질 수도 있지만, 의사표시를 문제를 이유로 효력을 부정하는 것은 자유의 실현을 의미하기도 하는데, 이 경우는 특히 더 그렇다.
2 사기와 강박은 형법상 사기(제347조)나 공갈(제350조), 협박(제283조)이 되기도 한다.
3 대법원 2001. 5. 29. 선고 99다55601, 55618 판결 등에서 다소의 과장·허위가 수반되는 경우에도 일반 상거래의 관행과 신의칙에 비추어 시인될 수 있는 경우에는 허용된다고 판시하고 있고, 대법원 1997. 3. 25. 선고 96다47951 판결 등에서는 부정행위에 대한 고소·고발은 원칙적으로 정당한 권리행사로서 위법하지 않다고 판시하였다. 즉, 이는 행위의 '위법성'과 관련된 것이다. 위법성은 대부분의 경우에 법의 규제가 정당화되는 가장 기본적인 요건에 해당되는데, 구체적인 경우마다 다른 이름으로 구체화되기도 한다(예컨대, 서로 인접한 주민들 사이의 문제에서는 '수인한도'라고 표현되기도 한다). 위법성은 '부작위'의 경우에도 '작위의무'의 존재를 요구하게 하는데, 작위의무가 있음에도 이를 하지 않는 경우 이는 위법한 행위로 적극적인 작위가 있는 경우와 마찬가지로 판단된다. 고의나 과실에 의한 위법행위로 타인에게 손해를 끼친 경우는 불법행위로 이에 대한 배상책임을 부담하기도 한다(민법 제750조).

사기와 착오

사기를 당하면 착오가 발생한다. 이 경우의 착오는 대부분 동기에 대해서 발생한다.[4] 그런데 법원이 상대방에 의해 유발된 착오에 있어 취소를 인정하고 있는 것은 사기의 경우와 구조적으로 일치한다.[5] 상대방이 착오를 유발한 경우가 고의에 의해 이루어지면 그것이 바로 사기인 것이다.

민법 제110조의 사기는 고의에 한정되므로, 이 규정을 다른 착오의 경우에 적용할 수는 없다. 하지만 그 외의 경우는 사기에서의 구조와 개념요소를 그대로 적용하는 것이 더 타당할 수 있는데, 유발행위의 위법성이나 제3자가 착오를 유발한 경우가 그렇다. 그 외에도 유발행위의 위법성을 토대로, 과실이 있다면 이 경우 불법행위에 기한 손해배상책임을 인정하는 것도 가능할 것이다.[6]

문제는 상대방이 착오를 유발한 경우에 제한없이 취소를 인정하는 것이 타당하냐는 것이다. 이것이 민법 제110조의 취지를 반감시킬 수도 있고, 무엇보다 취소는 함부로 인정되어서는 안 되는 것이기 때문이다. 일반적으로 상대방에게 과실이 있는 경우를 생각해 볼 수 있겠지만, 취소를 하고자 하는 행위자에게도 과실이 있거나, 더 나아가 중과실이 있는 경우는 그 판단이 쉽지 않을 것이다.

---

4 사기의 경우에는 동기의 착오만이 문제된다는 것이 현재 대법원의 입장인 것으로 보인다(대법원 2005. 5. 27. 선고 2004다43824 판결 참조). 그러나 사기의 경우에도 법률행위의 내용의 착오가 발생할 수 있다고 지적하는 견해가 많다(연대보증을 신원보증으로 속여 사인하게 한 경우에 법률행위의 내용의 착오가 유발되었다는 이유로 사기규정의 적용을 배제한 것이 과연 타당할 것인가). 이렇게 볼 경우에는 사기의 경우에도 '의사의 흠결'과 같은 문제가 발생할 수 있다.
5 실제로 대법원에서는 기망행위와 유발행위를 마찬가지로 파악하고 있다(대법원 2001. 5. 29. 선고 99다55601, 55618 판결; 대법원 2009. 3. 16. 선고 2008다1842 판결 등).
6 불법행위는 고의 또는 과실의 경우에 모두 성립한다(민법 제750조).

2320 효력이 없는 것과 취소할 수 있는 것은 다르지만 같아요

무효와 취소는 법률행위의 문제이므로 민법에서도 법률행위와 관련하여 규정하고 있다(민법 제1편 총칙/제5장 법률행위/제4절). **무효**란 효력이 없음을 뜻한다. 행위를 했다고 해도 무효이면 효력이 있었던 적은 없다. 이에 반해 **취소**할 수 있다는 것은 취소되어야 효력이 없어진다는 점에서 무효와 구별된다. 하지만 일단 취소가 되면 처음부터 무효가 되어(민법 제141조) 원래 무효인 경우와 아무런 차이가 없게 된다. 취소는 행사여부에 따라 행위의 효과가 있다가도 없어지게 되므로 한정된 사람만이 이를 행사할 수 있고,[1] 일정한 경우에는 취소권의 행사가 제한되기도 한다는 점에서 그 규율태도가 자못 엄격하다.

무효와 취소의 원인은 여기저기에 흩어져 있다. 민법만 하더라도 미성년자 등 제한능력자의 취소권(제5조 제2항 등), 반사회질서의 법률행위(제103조), 불공정한 법률행위(제104조), 의사표시에 있는 경우(제107조-제110조), 무권대리(제130조) 등이 그 예이고, 강행법규가 많은 물권법이나 더 나아가 친족상속법에서는 규정을 위반하였거나, 방식을 갖추지 못하였다는 이유로 효력이 부정되는 많은 경우를 확인할 수 있다.

무효에 대한 민법규정은 '법률행위의 일부무효(제137조)', '무효행위의 전환(제138조)', '무효행위의 추인(제139조)'이 있으나 어느 경우나 무효가 유효가 되는 것은 아니다.[2] 취소에 대한 민법규정은 누가 취소할 수 있는지(제140조), 취소할 수 있는 행위를 확정적으로 유효하게 만드는 추인(제143조, 세144조)과 법정추인(제145조), 취소권의 행사기간(제146조)에 대해서 규정하고 있다.[3]

---

1 취소는 일방의 의사로 법률관계를 변경시킬 수 있는 '형성권'이다. 이에 반해 무효는 누구라도 주장할 수 있다.
2 오히려 무권대리와 같은 경우에서 확인되는 '유동적 무효'에서 무효가 소급하여 유효로 되는 경우를 확인할 수 있다. 이러한 예외적인 경우를 제외하면 원칙적으로 '확정적 무효'이다.
3 언제나 주장할 수 있는 무효와 행사기간 안에 주장하여야 하는 취소의 차이는, 행정소송/심판에서 취소소송/심판과 무효확인소송/심판에도 그대로 이어진다. 취소소송은 처분등이 있음을 안 날로부터 90일 이내, 처분등이 있는 날로부터 1년 이내에 제기하여야 한다("행정소송법" 제20조).

무효와 부당이득

애초에 무효이건 취소되어 무효이건, 처음부터 그 효력이 없으므로, 이에 따라 어떤 것도 할 필요가 없지만, 만약 이러한 행위를 바탕으로 실제로 이루어진 급부가 있다면 이것들은 죄다 원인없이 급부된 것으로 **부당이득**이 되고, 민법에서는 이를 반환토록 하고 있다(제741조).[4] 예외적으로 이득의 귀속이 사회적으로 용인될 수 있는 경우에는 반환이 인정되지 않고(제742조-제745조), 불법을 원인으로 급여된 것도 그 반환을 청구하지 못한다(제746조).[5]

원물반환이 가능한 경우에는 원물반환을 청구할 수 있고, 그렇지 않은 경우에는 **가액반환**을 청구할 수밖에 없는데(제747조 제1항), 반환되어야 할 범위에 대해서는 부당이득자의 선의 여부에 따라 달리 정하고 있다(제748조).[6] 또한 민법 제141조에서는 제한능력자가 취소한 경우에는 알았건 몰랐건 이익이 현존하는 한도에서 상환하면 된다고 규정하고 있다.

행위의 효력이 부정되면 이미 급부가 이루어진 경우에도 이에 따른 권리의 변동이 이루어지지 않으므로, 결과적으로 권리가 반환된 셈이 된다. 이 경우 소유권이 반환되면 권리자는 소유권에 기해서 현실적으로 이행이 이루어진 부분에 대한 권리도 행사할 수 있게 된다(민법 제213조, 제214조). 그렇지 않은 경우에는 부당이득반환을 주장할 수 있을 뿐이다.[7]

---

4 '부당이득'은 반환채권을 발생시키는 원인으로 채권과 관련하여 규정되어 있다(민법 제3편 채권/제4장). 이는 행위와는 무관한 '사건'이다. 결과적으로 원인없는 이득이면 그 전의 과정이 무엇이건 부당이득이 된다. 부당이득이 문제되는 경우는 '급부부당이득', '침해부당이득', '비용부당이득' 등으로 다양하지만, 행위의 무효로 인해 급부된 바가 부당이득이 되는 '급부부당이득'은 무효의 가장 중요한 효과라고 할 것이다.

5 특히 우리법원은 민법 제103조의 '선량한 풍속 기타 사회질서' 위반으로 무효가 된 경우가 불법원인급여에 해당하여 그 반환을 청구하지 못하도록 하고 있다(대법원 1983. 11. 22. 선고 83다430 판결 등). 정책적인 이유로 마련된 강행규정 위반의 경우에는 이에 해당하지 않는다.

6 그 외에도 원물 반환이 문제될 경우에는 점유에 대해서는 민법 제201조-제203조, 계약의 해제로 인한 반환시에는 원상회복에 대한 민법 제548조가 별도로 규율하고 있다.

7 만약 소유권이 보호받는 제3자에게 넘어간 경우는 상대방에 대해서는 부당이득반환 밖에 청구할 수 없다. 제3자 보호는 규정이 있을 경우에만 가능하고, 그렇지 않은 경우에는 제3자로서 보호받지 못하는 것이 원칙인데, 앞의 경우를 '상대적 무효', 뒤의 경우를 '절대적 무효'로 구별하기도 한다.

2321 행위의 효력발생도 내 마음대로 조정할 수 있습니다

법률행위의 효력을 장래의 사정에 따라 달라지게 할 수도 있다. 불확실한 사정을 **조건**, 확실한 사정을 **기한**이라고 한다.[1] 법률행위에 대한 것으로 민법에서는 법률행위의 마지막 부분에서 관련규정을 두고 있다(민법 제1편 총칙/제5장 법률행위/제5절).

효력이 조건성취시부터 발생하는 경우를 **정지조건**, 반대로 법률행위시부터 효력이 있다가 조건성취시부터 효력이 없어지는 경우를 **해제조건**이라고 한다(제147조). 조건의 성취로 인하여 불이익을 받을 당사자가 신의성실에 반하여 조건의 성취를 방해한 때에는 상대방은 그 조건이 성취한 것으로 주장할 수 있고, 조건의 성취로 인하여 이익을 받을 당사자가 신의성실에 반하여 조건을 성취시킨 때에는 상대방은 그 조건이 성취하지 아니한 것으로 주장할 수 있다(제150조). 조건이 선량한 풍속 기타 사회질서에 위반한 것인 때(**불법조건**)에는 그 법률행위는 효력이 없고, 조건이 법률행위의 당시 이미 성취한 것인 경우(**기성조건**)에는 그 조건이 정지조건이면 조건없는 법률행위로 하고 해제조건이면 그 법률행위는 무효로, 조건이 법률행위의 당시에 이미 성취할 수 없는 것인 경우(**불능조건**)에는 그 조건이 해제조건이면 조건없는 법률행위로 하고 정지조건이면 그 법률행위는 무효로 한다(제151조). **시기**있는 법률행위는 기한이 도래한 때로부터 그 효력이 생기고, **종기**있는 법률행위는 기한이 도래한 때로부터 그 효력을 잃는다(제152조). 도래시점의 확정유무에 따라 **확정기한**과 **불확정기한**으로 나뉘며, 조건과는 달리 절대로 소급할 수 없다(제147조 제3항 참조).

조건있는 법률행위의 당사자는 조건의 성부가 미정한 동안에 조건의 성취로 인하여 생길 상대방의 이익을 해하지 못하고(제148조), 조건의 성취가 미정한 권리의무는 일반규정에 의하여 처분, 상속, 보존 또는 담보로 할 수 있는데(제149조), 이는 기한의 경우에도 마찬가지이다(제154조).

---

1 합쳐서 '부관'이라고도 한다.

이행기와 기한의 이익

법률행위, 특히 계약과 같은 채권행위는 이에 따른 추가적인 이행이 필요하다. 이행의 시점, 즉 **이행기**가 있는 경우, 이 또한 기한으로 명명되지만, 법률행위의 효력에 영향을 미치는 기한과는 사뭇 다르다.

법률행위의 효력에 영향을 미치는 기한에 대한 규정 중 기한은 채무자의 이익을 위한 것으로 추정되고, **기한의 이익**은 포기할 수 있지만 상대방의 이익을 해하지 못한다는 민법 제153조는 이행기에 대한 것이다. 민법에서는 이러한 기한을 채무불이행 중 이행지체(쉽게 말해 계약을 이행하지 않고 늦은 경우)를 판단하기 위한 민법 제387조에서도 사용하고 있다.

기한의 이익과 관련하여 무엇보다 중요한 내용은 일정한 경우 이러한 이익이 **박탈**될 수 있다는 것이다. 당사자가 합의로 이를 미리 정할 수도 있고,[2] 민법에서도 채무자가 담보를 손상, 감소 또는 멸실하게 한 때, 담보제공의 의무를 이행하지 아니한 때에는 기한의 이익을 주장하지 못한다고 규정하고 있다(제388조).[3] 이에 따라 채권자는 채무자에게 바로 이행을 청구할 수 있는데, 이는 채권자로서는 채무자를 더 이상 믿고 기다려줄 수 없기 때문이다.

---

2 당사자가 합의한 일정한 사항이 발생하면 기한의 이익이 상실되는 경우에는 정지조건이 활용되는 것이다.
3 파산선고시에도 기한의 이익은 없어진다("채무자 회생 및 파산에 관한 법률" 제425조).

2401 시간계산법도 민법에서 정하고 있어요

민법 총칙의 제6장은 **기간**에 대해서 규정하고 있다. 법에는 수없이 많은 경우에 기간이 문제된다. 사람의 나이를 계산하는 것도, 권리의 행사가 일정 기간 안에만 가능한 경우도, 일정한 기간을 채워야 법적 효과가 발생하는 것도 전부 기간에 대한 문제이다. 이러한 기간은 모든 사람에게 동일하게 그리고 명확하게 적용되어야 한다. 민법에서는 기간계산에 대한 가장 기본적인 규정을 두어, 법령, 재판상의 처분 또는 법률행위에 다른 정한 바가 없으면 본장의 규정에 의한다고 하고 있다(제155조).

기간을 '시, 분, 초로 정한 때'에는 즉시로부터 기산하지만(제156조), '일, 주, 월 또는 연으로 정한 때', '그 기간이 오전 영시로부터 시작하지 않는 때'에는, 기간의 초일은 산입하지 아니하고 기간말일의 종료로 기간이 만료한다(제157조, 제159조).[1] 기간을 '주, 월 또는 연으로 정한 때'에는 역에 의하여 계산하는데, '주, 월 또는 연의 처음으로부터 기간을 기산하지 아니하는 때'에는 최후의 주, 월 또는 연에서 그 기산일에 해당한 날의 전일로 기간이 만료한다.[2] 만약 '월 또는 연으로 정한 경우에 최종의 월에 해당일이 없는 때'에는 그 월의 말일로 기간이 만료한다(제160조). '기간의 말일이 토요일 또는 공휴일에 해당한 때'에는 기간은 그 익일로 만료한다(제161조).

나이는 출생일을 산입하여 '만 나이'로 계산하고, 연수로 표시하고, 1세에 이르지 아니한 경우에는 월수로 표시할 수 있다(제158조). '나이'야 말로 사람에 대한 법적 규율 중 가장 핵심적인 부분이다.

---

1 예를 들어, 2월 12일에 '3일 후까지'라고 기간을 정한 경우는 2월 12일이 아닌 2월 13일 0시부터 3일, 즉 2월 15일 24시에 기간이 만료된다.
2 예를 들어, 2월 12일부터 3달인 경우는 5월 11일 24시에 기간이 만료된다.

다른 법에서의 시간계산

시간의 계산은 공법의 영역에도 적용된다. "민사소송법"에서도 기간의 계산은 민법에 따르도록 하고 있다(제170조). .

형법에서는, 연 또는 월로 정한 기간은 연 또는 월 단위로 계산하듯(제83조) 원칙적인 계산법은 민법과 다르지 않지만, 형기는 판결이 확정된 날로부터 기산하고(제84조), 형의 집행과 시효기간의 초일은 시간을 계산함이 없이 1일로 산정하며(제85조), 석방은 형기종료일에 하도록 하고 있는(제86조) 등 그 기간을 단축시키고 있다. "형사소송법"에서도 기간의 계산에 관하여는 시로 계산하는 것은 즉시부터 기산하고 일, 월 또는 연으로 계산하는 것은 초일을 산입하지 아니하고 연 또는 월로 정한 기간은 연 또는 월 단위로 계산한다고 하는 등 민법과 동일하게 규정하고 있지만, 시효와 구속기간에 있어서는 초일을 산입하는 등 그 기간을 단축시키고 있다(제66조).

"행정기본법"에서는 행정에 관한 기간의 계산에 관하여는 이 법 또는 다른 법령등에 특별한 규정이 있는 경우를 제외하고는 민법을 준용하도록 하고 있고(제6조 제1항), 나이계산에 대해서도 민법과 동일한 내용을 규정하고 있으면서도(제7조의2), 법령등 또는 처분에서 국민의 권익을 제한하거나 의무를 부과하는 경우 권익이 제한되거나 의무가 지속되는 기간의 계산은 기간을 일, 주, 월 또는 연으로 정한 경우에는 기간의 첫날을 산입하고 기간의 말일이 토요일 또는 공휴일인 경우에도 기간은 그 날로 만료하는 등 국민에게 유리하게 적용하고 있다(제6조 제2항). 법령등의 시행을 정하거나 계산할 때는 별도로 정하고 있다.[3]

시간

---

3 행정기본법 제7조(법령등 시행일의 기간 계산) 법령등(훈령 · 예규 · 고시 · 지침 등을 포함한다. 이하 이 조에서 같다)의 시행일을 정하거나 계산할 때에는 다음 각 호의 기준에 따른다.
1. 법령등을 공포한 날부터 시행하는 경우에는 공포한 날을 시행일로 한다.
2. 법령등을 공포한 날부터 일정 기간이 경과한 날부터 시행하는 경우 법령등을 공포한 날을 첫날에 산입하지 아니한다.
3. 법령등을 공포한 날부터 일정 기간이 경과한 날부터 시행하는 경우 그 기간의 말일이 토요일 또는 공휴일인 때에는 그 말일로 기간이 만료한다.

2501 권리를 한동안 행사하지 않으면 없어질 수도 있습니다

권리가 소멸하는데는 많은 이유가 있다. 물건 등 권리의 대상이 없어질 경우 그 권리도 없어지고,[1] 거래에 의해 권리를 넘겨준 경우도 넘겨준 사람을 기준으로 보면 권리의 소멸이라고 할 수 있다. 채무가 이행되어 그 목적을 달성한 때에도 채권은 소멸한다. 그 외에도 일방적인 행위로 권리를 포기하는 것도 가능하고,[2] 서로 대립되는 지위가 하나로 합쳐지는 '혼동'에 의하여 소멸하기도 한다(민법 제191조, 제507조).[3]

우리 민법 총칙의 마지막 장인 제6장에서는 일정한 시간이 경과하면 권리를 더 이상 행사하지 못하는 **소멸시효**에 대해서도 규정하고 있다.[4] 채권은 10년간 행사하지 아니하면 소멸시효가 완성되고 채권 및 소유권 이외의 재산권은 20년간 행사하지 아니하면 소멸시효가 완성된다(제162조). 소유권은 소멸시효의 대상이 아니며[5] 다른 물권들도 시효에 의해 소멸되기가 쉽지 않으므로,[6] 이 제도는 많은 경우 채권과 관련하여 문제된다.[7] 소멸시효는 **권리 위에 잠자는 자는 보호받지 못한다**(vigilantibus et non dormientibus jura subveniunt)는 법언을 근거로 두고 있는 점에서도 확인되듯 권리를 행사하지 않은 것에 대한 효과이므로, 단순히 기간이 경과된다고 하여 완성되는 것이 아니라 천재지변 등 권리행사가 불가능한 기간 동안은 '정지'되기도 하고(제179조–제182조), 청구나 압류 등 권리의 행사 혹은 채무자의 승인이 있는 경우에는 '중단'되어 처음부터 새롭게 진행되기도 한다(제168조–제178조).

시효가 완성되면 권리자는 더 이상 권리를 행사하지 못하고, 의무자는 이를 이행할 필요가 없다. 그러나 의무자가 자발적으로 이행하는 것은 얼마든지 가능하고, 이는 시효완성의 이익을 포기하는 것이 된다. 이러한 이익은 미리 포기하지 못하고, 동일한 취지에서 법률행위에 의하여 소멸시효를 배제, 연장, 가중할 수 없으나 단축, 경감할 수 있도록 하고 있다(제184조).

---

1 다만, 가치변형물이 남는 경우에 권리가 이에 미치기도 한다. 특히 담보물권에서는 이를 '물상대위'라고 한다(민법 제342조, 제370조).

2 채권의 경우에는 채권의 소멸과 관련하여 별도의 규정을 두고 있다(민법 제3편 채권/제1장 총칙/제6절 채권의 소멸/제5관 면제). '단독행위'이고 처분권이 필요한 '처분행위'이며 이로 인해 제3자의 이익을 해하지는 못한다(민법 제506조 참조).

3 사람의 행위와는 무관한 '사건'이다. 물권의 혼동은 물권의 총칙에서(민법 제2편 물권/제1장), 채권의 혼동은 채권의 소멸에서 규정하고 있다(민법 제3편 채권/제1장 총칙/제6절 채권의 소멸/제6관).

4 이는 취소권에 대한 민법 제146조와 같이 법에서 권리행사기간을 정해놓은 경우와 구별된다. 이를 '제척기간'이라고 한다.

5 지식재산권 등 소유권과 유사한 새로운 권리들은 기간이 따로 정해져 있는 경우가 많다. 예컨대 저작재산권은 원칙적으로 저작자가 생존하는 동안과 사망한 후 70년간 존속한다("저작권법" 제39조).

6 물건을 빌려서 사용하는 용익물권은 기간이 정해져 있고, 채권없이는 존재하지 못하는 담보물권은 채권과 운명을 같이하기 때문이다.

7 금전채권에 한하지 않는다. 민법에서는 특별히 3년, 1년의 단기소멸시효의 적용을 받는 채권들도 규정하고 있고(제163조, 제164조), 판결에 의하여 확정된 채권은 단기의 소멸시효에 해당한 것이라도 그 소멸시효는 10년으로 정하고 있다(제165조).

시간의 경과에 따른 법적 효과

소멸시효와 같이 일정한 기간이 경과됨에 따라 권리가 없어지기도 하지만, 반대로 일정한 기간의 경과를 토대로 없던 권리를 부여하기도 한다. 민법은 일정한 기간이 경과되면 권리를 취득하게 하는 취득시효를 소유권의 취득과 관련하여 규정하고 있는데(민법 제2편 물권/제3장 소유권/제2절),[8] 특히 20년간 소유의 의사로 평온, 공연하게 부동산을 점유하는 자는 등기함으로써 그 소유권을 취득하도록 하고 있다(제245조 제1항).

형사법에서도 공소시효를 두어 죄를 범하고 일정한 기간이 경과하면 국가의 소추권을 소멸시켜 공소제기를 불가능하게 하고 있고("형사소송법" 제249조), 선고된 형벌도 일정기간이 지나면 그 집행이 면제되기도 한다(형법 제77조, 제78조).

이러한 시효제도가 존재하는 것은 흔히 일정한 기간 동안 지속된 상황에 확정적 효력을 부여해 사회의 안정을 기하기 위해서라고 한다. 대부분 상당한 기간이 지날 것을 요구하면서 증거보전의 어려움을 이유로 들기도 한다. 그러나 전체적으로 안정된 현대사회에서는 이러한 이유의 설득력이 줄어들어 제도의 개선 내지는 폐지의 목소리가 제기되기도 한다. 소멸시효와 취득시효와 같은 재산적인 경우에도 그 행사를 제한하는 쪽으로 법적용이 이루어지고 있고,[9] 형사처벌과 관련된 공소시효에 대해서는 일정한 범죄에 있어 이를 명시적으로 배제하는 규정도 마련되고 있는 실정이다.[10]

---

8 취득시효는 소유권 이외의 재산권의 취득에도 준용하고 있다(민법 제248조).
9 법원은 소멸시효와 관련하여 채무자가 시효완성 전에 채권자의 권리행사나 시효중단을 불가능 또는 현저하게 곤란하게 하거나 그러한 조치가 불필요하다고 믿게 하는 등의 행동을 한 경우에 있어 시효완성을 주장하지 못하게 할 수 있다고 한 바 있고(대법원 2013. 5. 16. 선고 2012다202819 전원합의체 판결 등), 취득시효에 있어 법원은 '악의의 무단점유'시 점유취득시효를 인정하지 않고 있다(대법원 1997. 8. 21. 선고 95다28625 전원합의체 판결).
10 특히 2015년부터는 사람을 살해한 범죄(종범은 제외한다)로 사형에 해당하는 범죄에 대하여는 공소시효를 적용하지 아니하는데("형사소송법" 제253조의2), 이를 잔학한 범죄에 희생된 피해자의 이름을 따서 '태완이법'이라고 부르기도 한다. 공소시효를 악용하는 범죄자의 모습은 영화, 드라마 등 여러 매체에서 단골소재로 활용된다.

좀 더 알아봅시다 4: 민법의 3대 원칙과 그 수정

-민법의 3대 원칙-

　사람과 사람 사이의 사적관계에 대한 기본법인 민법, 그리고 민법을 중심으로 형성된 전체 민사법질서에 가장 중요한 것은 자유일 것이다. 자유롭게 자신의 법률관계를 형성한다는 측면에서 '사적자치'로 명명되기도 한다. 법은 그러한 사적자치가 잘 지켜질 수 있도록 제도를 마련하고, 그것이 실현되지 않은 경우에만 예외적으로 개입한다.

　이러한 사적자치는 계약으로 대표되는 법률행위를 자유롭게 할 수 있다는 법률행위(혹은 계약) 자유의 원칙에서 잘 드러난다. 그런데 이러한 자유는 또한 개인의 사적 소유권에 대한 보호가 전제된다. 소유권 절대의 원칙이 현대에서도 여전히 중요한 이유이다. 이 두 원칙은 타인에게 피해를 끼친 경우에도 고의나 과실에 의하지 않는 한 책임지지 않는다는 과실책임의 원칙과 함께 민법의 3대 원칙을 형성한다.

-3대 원칙의 수정-

　이러한 3대 원칙은 개인의 자유가 가장 강조되던 근대사회에 성립된 것으로, 근대법은 이러한 원칙에 충실하다. 하지만 근대에서 현대로 이어진 역사에서 확인할 수 있듯이, 개인의 자유는 국가의 방임 속에서는 제대로 실현될 수 없었다. 이로 인해 국가는 개인의 영역에 직접적으로 개입하는 경우가 많아졌고, 현대사회에 만들어진 새로운 법들은 대개 이런 내용을 담고 있다.

　이에 따라 3대 원칙도 현대사회에 맞게 수정되었다. 개인의 소유권도 일정부분 제한될 수 있으며,[1] 법률행위도 방식이나 내용면에서 제한되고 있고, 과실이 없는 경우에도 책임을 져야 하는 경우도 늘어나고 있다. 다만 이러한 제한도 자유의 본질적인 내용을 침해하지 않는 범위 내에서만 가능하다. 민법의 3대 원칙이, 어느 정도 수정되었다고는 하나, 여전히 의미를 가진다.

1　헌법 제23조, 제37조에서도 확인될 수 있는 부분이고, 민법도 소유권을 규정함에 있어(민법 제2편 물권/제3장) 그 한계(내용)에 대한 부분(제1절)에 대한 많은 규정을 두고 있다.

-다시 3대 원칙으로?-

　최근에는 조금 다른 움직임도 확인된다. 자유를 제한함으로 인해 발생하는 문제로 말미암아 다시 자유를 최대한 보장하려고 하는 것이다. 사회적 약자에 대한 지나친 보호가 오히려 사회 자체에 여러 문제를 야기하고 있다는 점은 사회의 여러 곳에서 발견되고 있다. 보호가 지나칠 경우 애초 개인과 개인간의 관계에서 전제가 되어야 할 기본적인 자유와 권리가 형해화된다거나, 애초에 약자로서 보호를 받는 자들이 오히려 그 영향력을 발휘하며 상대의 권리를 부당하게 침해하는 경우가 그렇다.[2] 이 경우 법은 또다시 사회의 변화를 반영하여 바뀔 수밖에 없다. 그렇게 자유와 그 제한 사이에서 법은 앞으로도 끊임없이 변할 것이다. 때로는 문제를 해결하기 위해 아예 다른 편으로 가기도 하겠지만 그렇게 반복하다 보면 그 진폭은 점점 줄어들고 그렇게 가장 이상적인 기준, 즉 정의에 가까워질 것인지 지켜볼 일이다.

2　소위 '임대차3법'이라던가 '블랙컨슈머'의 경우를 생각해 보라.

CHAPTER III 민사책임론

법을 공부하는 이유 중 으뜸은 누군가의 잘못된 행동으로 피해를 입었을 때 어떻게 자신의 권리를 구제받을 수 있는지에 있지 않을까 한다. 이는 상대가 어떤 책임을 부담하는지의 문제이기도 하다. 법에서의 책임이란 법적 강제력에 구속되는 상태를 말하므로 반드시 잘못된 행위를 전제로 하는 것은 아니지만, 특히 잘못된 행위로 인해 책임이 인정되는 경우에는 민사책임과 형사책임으로 구별할 수 있다. 고소 혹은 고발로 시작하여 국가가 주도적으로 개입하는 형사책임의 경우와는 달리 민사책임은 모든 것을 스스로 해야 한다. 그래서 더 알아야 한다.

3101 해야할 걸 안하면 안됩니다

법적으로 상대에 대한 의무를 부담할 때 이를 이행하지 않으면 안된다. 계약이 대표적인 경우겠지만,[1] 이에 한하지 않는다. 상대방에 대한 의무는 채무이므로, 그 불이행을 **채무불이행**이라고 한다.[2] 특히 법률행위를 염두에 둔다면 당사자가 자유롭게 설정하는 법률관계에 대해 법이 직접적으로 개입하여 그 문제를 해결해 나가는 대표적인 순간이 되며,[3] 이것이 뒷받침되지 않으면 자유로운 법률행위라는 것도 결국 허상에 지나지 않게 된다.[4]

채무불이행은 결국 채권이 어떤 법적 효력을 가지는지의 문제이므로 민법에서는 채권의 효력과 관련하여 이를 규정하고 있다(민법 제3편 채권/제1장 총칙/제2절). 그 효과로서는 **강제이행청구**(제389조)[5]가 가장 우선이고, **과실책임의 원칙**에 따라 고의와 과실을 토대로 **손해배상청구**(제390조)가 인정될 수 있다.[6] 특히 계약의 경우에는 이를 **해제**(제544조, 제546조 등)할 수도 있다.[7] 모두는 제각각 별도로 주장할 수 있으며 그 가능여부도 요건충족에 따라 각기 결정된다.[8]

급부의 대상이 특별한 취급을 받고 있는 **금전채무불이행**의 경우에는 특칙을 두어 채무자의 과실없음을 항변하지 못하게 하고 있고 대표적인 효과인 손해배상에 대해서도 간명하게 처리하고 있다(제397조).

---

1 계약은 통상적으로 이행의 문제를 남긴다.
2 대개 계약의 경우에 문제되므로 채무불이행은 곧 '계약위반'의 문제라고 봐도 무방하다. 법률의 규정에 의해서도, 계약이 아닌 단독행위에 의해서도 채권채무가 발생하지 않는 것은 아니고, 이 경우에는 계약위반이 아닌 채무불이행의 문제가 발생할 수 있다.
3 당사자가 이러한 개입을 배제하는 것도 원칙적으로 가능하지만, 그것이 지나치게 공평에 반하는 경우에는 제한될 수 있다.
4 지켜지지않아도 되는 계약이라면 누가 그 계약을 활용할지를 생각해 보라.
5 강제이행에는 직접강제, 대체집행, 간접강제가 인정되나, 직접강제가 가능한 경우에는 직접강제만이 가능하다. 언제나 강제이행이 가능한 것도 아니다. 강제이행이 가능하여 당사자가 이를 청구하는 경우에는 법원이 이를 집행하며, 자세한 내용은 "민사집행법"에서 정하고 있다.
6 손해배상에 대한 모든 것은 청구하는 자가 이를 입증하여야 하는데, 채무불이행의 경우에는 채무자 스스로 고의, 과실 없음을 증명하지 못하는 한 책임이 인정되기 때문에 손해배상을 청구하는 자는 다른 경우(대표적으로 불법행위)보다 좀 더 용이하게 권리구제를 받을 수 있다. 손해배상책임이 인정되는 경우를 '채무불이행책임'이라고 하여 제대로 이행이 되지 않는 모든 경우를 지칭하는 넓은 의미의 채무불이행과 구별하기도 한다(혼란을 피하기 위해 넓은 의미의 채무불이행을 '급부장애'로 표현하기도 한다).
7 계약에 특유한 효과로, 다른 채무불이행의 효과와는 달리, 계약과 관련하여 별도로 규정하고 있다(민법 제3편 채권/제2장 계약/제1절 총칙/제3관). 해제는 계약을 무르고자 한다는 측면에서 무효(혹은 취소)와 마찬가지고 이에 따라 원상회복을 하도록 하는 등(제548조) 그 효력도 거의 동일하지만, 채무불이행시에 문제되어 그 원인으로 구별된다(무효와 취소는 계약 자체에 문제가 있을 때 가능하다). 계약의 구속력 유지를 위해서라도 채무불이행시만 가능한데(당사자가 미리 해제할 수 있는 경우를 정해두는 '약정해제'와 구별하여 '법정해제'라고 한다), 이러한 점에서 당사자의 합의에 의한 '합의해제', 계약금수수에 따른 '해약금해제(제565조)', 소비자 거래와 같이 특별한 경우에 인정되는 '청약철회(예컨대, "전자상거래 등에서의 소비자보호에 관한 법률" 제17조 등)' 등과 구별된다. 해제는 취소와 마찬가지로 일방의 의사에 의해 법률관계를 변화시킬 수 있는 '형성권'이다.
8 특히 손해배상과의 관계에 대해서는 제389조 제4항, 제551조에 의해서 명시적으로 언급하고 있다.

채무불이행과 위법성

채무를 이행하지 않는 것은 우리 법에서 용납될 수 없는 것이지만, 채권채무가 당사자 사이에서만 의미가 있는만큼, 이를 위법하다고 볼 수 있는지에 대해서는 다소 모호한 부분이 있다. 결과적으로는 용납될 수 없는 행위이므로 위법하다고는 하지만[9] 채무불이행의 위법성은 그 외의 영역에서는 위법하다고 평가받지 않고 있다. 대표적으로 고의 또는 과실로 인한 위법행위로 타인에게 손해를 가한 자에게 그 손해를 배상할 책임을 지우는 불법행위가 이 경우에는 성립하지 않는다.[10]

나아가 채무불이행이 곧바로 범죄가 되지도 않는다. 물론 이는 단순히 그 행위가 위법하지 않아서가 아니라, 형사법의 기본원칙인 죄형법정주의 속성상 미리 그 행위가 범죄로서 지정되어 있어야 하는데 채무불이행에 해당하는 범죄는 우리법에 존재하지 않는다. 다만 채무불이행이 있는 경우, 예컨대 돈을 빌렸다가 갚지 않은 경우, 실제로 사기죄로 고소하기도 한다. 하지만 채무발생시(대표적으로 계약체결시)에 이미 기망의 의도가 있을 때, 즉 애초에 이행할 생각이 없었을 때 사기가 되는 것이고,[11] 이러한 기망의 의도는 증명이 어려워 대부분의 경우 무죄로 결말을 맺는다.[12]

---

9   쌍무계약의 견련성으로 인해 상대도 이행하지 않고 있는 때에는 채무불이행 자체가 성립하지 않는데, 이 경우에 채무불이행의 위법성이 조각된다고 설명하기도 한다.

10   만약 채무불이행의 위법성이 그 외의 영역에서도 위법하다고 인정되면, 채무불이행은 동시에 불법행위도 성립시키게 된다. 달리 말하면 채무불이행은 불법행위의 한 종류가 될 수도 있는 것이다. 하지만 우리법은 채무불이행과 불법행위를 전혀 별개의 제도로 파악하고 있는 것으로 보인다.

11   일상에서, 특히 아이들 사이에서는, 약속을 어긴 경우 거짓말쟁이로 취급하는 경우가 있지만, 이는 엄밀히 말해 틀린 것이다.

12   그럼에도 채무불이행자에 대한 압박수단으로 많이 활용되고 있는 게 현실이다.

3102 할거면 제때 해야죠

의무 이행에 있어서 '이행기'란 매우 중요하다. 제때 하지 않으면 상대방에게 피해가 발생할 수 있고, 어떤 때는 아예 무의미해지기도 한다. 때문에 이러한 **이행지체**는 채무불이행의 대표적인 유형이다.

이행지체는 여전히 이행이 가능한 경우임을 전제로 한다. 채무불이행의 효과를 규정한 민법 규정에 따르면, 일단 이행이 가능하기에 **강제이행청구**가 가능하고(제389조), 그럼에도 늦은 데 대한 책임으로 **손해배상**을 **청구**할 수 있는데, 손해배상은 채무자의 고의, 과실이 있는 경우에만 인정된다(제390조). 채무자가 채무의 이행을 지체한 경우에 채권자가 상당한 기간을 정하여 이행을 최고하여도 그 기간내에 이행하지 아니하거나 지체후의 이행이 채권자에게 이익이 없는 때에는 채권자는 수령을 거절하고 이행에 갈음한 손해배상을 청구할 수 있다(제395조).[1]

계약의 경우에는 해제도 가능하다. 당사자 일방이 그 채무를 이행하지 아니하는 때에는 상대방은 상당한 기간을 정하여 그 이행을 최고하고 그 기간내에 이행하지 아니한 때에는 계약을 **해제**할 수 있고 채무자가 미리 이행하지 아니할 의사를 표시한 경우에는 최고도 요하지 않는다(제544조). 계약의 성질 또는 당사자의 의사표시에 의하여 일정한 시일 또는 일정한 기간 내에 이행하지 아니하면 계약의 목적을 달성할 수 없을 경우에 당사자 일방이 그 시기에 이행하지 아니한 때에는 상대방은 최고를 하지 아니하고도 계약을 해제할 수 있다(제545조). 계약을 해제하면 이행되지 않는 부분은 더 이상 이행할 필요가 없고, 이미 이행된 부분도 원상회복되어야 한다(제548조). 해제를 하더라도 이미 발생한 손해에 대한 배상청구는 여전히 가능하다(제551조).

---

1 이 경우를 '전보배상'이라고 하여 늦은 데 대한 손해만 배상케 하는 '지연배상'과 구별한다. 이행지체만이 문제될 뿐인 금전채무불이행의 경우는 지연배상만이 의미가 있다.

지체의 판단

우리 민법에서도 '채무이행의 확정한 기한이 있는 경우'에는 채무자는 기한이 도래한 때로부터, '채무이행의 불확정한 기한이 있는 경우'에는 채무자는 기한이 도래함을 안 때로부터, '채무이행의 기한이 없는 경우'에는 채무자는 이행청구를 받은 때로부터 지체책임이 있다고 규정하고 있다(제387조). 기한이 도래하면 그 다음날부터 책임을 진다.[2]

그리고 채무자가 담보를 손상, 감소 또는 멸실하게 한 때, 채무자가 담보제공의 의무를 이행하지 아니한 때에는 채무자는 기한의 이익을 주장하지 못한다고 하여(제388조), 기한이 남은 경우에도 지체가 될 수 있는 경우를 아울러 규정하고 있다. 또한 파산선고시에는 기한부채권의 경우도 변제기에 이른 것으로 본다("채무자 회생 및 파산에 관한 법률" 제425조).

기한이 도래해도 지체책임을 지지 않는 경우도 있다. 이행 자체에 상대방의 협력이나 일정한 행위가 필요한 경우가 그렇고,[3] 서로의 의무가 얽혀있는 쌍무계약에서는 상대방도 마찬가지로 이행하고 있지 않다면 지체책임을 지지 않는다.[4]

---

2 대표적으로 지연배상은 다음날부터 계산하게 된다.
3 민법에 따르면, 이행(변제)의 제공이 있으면 그 때부터 채무불이행책임을 면한다(제461조). 다시 말해 이행의 제공은 필요한데, 채권자가 미리 변제받기를 거절하거나 채무의 이행에 채권자의 행위를 요하는 경우에는 변제준비의 완료를 통지하고 그 수령을 최고하면 된다(제460조 단서).
4 이와 같이 동시이행의 항변이 가능한 경우에는 채무불이행이 되지 않으므로 지체책임이 성립되지 않음도 당연하다. 다만 상대방이 이행해 오면 그 때부터는 채무불이행이 되고 지체책임을 부담하게 된다.

3103 못하게 되면 어쩔 수 없는 건가요

이행이 더 이상 가능하지 않은 경우를 **이행불능**이라고 한다.[1] 채무불이행에 관한 민법의 규정에 따르더라도, 이 경우 강제이행청구는 의미가 없고, 오로지 상대방이 고의나 과실없음을 증명하지 못하는 한 **손해배상청구**만을 할 수 있을 뿐이다(제390조).[2] 계약의 경우에는 불능이 상대방의 고의나 과실, 즉 책임있는 사유로 인한 때에는 **해제**할 수 있다(제546조). 법에는 규정되어 있지 않지만, 법원은 불능이 된 급부 대신 얻은 이익을 넘겨줄 것을 청구하는 **대상청구권**도 인정하고 있다.[3]

계약에서 서로의 의무가 관련되어 있는 상황이라면, **위험부담**에 대한 민법규정에 따라, 당사자 일방의 채무가 당사자 쌍방의 책임없는 사유로 이행할 수 없게 된 때에는 채무자는 상대방의 이행을 청구하지 못한다(제537조). 다만 채권자의 책임있는 사유로 이행할 수 없게 된 때, 채권자의 수령지체 중에 당사자 쌍방의 책임없는 사유로 이행할 수 없게 된 때에는 채무자는 상대방의 이행을 청구할 수 있다(제538조).

계약에서 채무자의 과실로 불능이 된 경우에 채권자는 해제와 손해배상을 청구하는 대신 이행에 갈음하는 손해배상을 청구하는 경우에는 채권자 역시 채무자에게 원래 약속되었던 급부를 제공하여야 한다. 원래의 급부는 불가능하게 되었지만 손해배상 등으로 원래의 급부가 대체되었기 때문이다.[4]

---

1 지체 중에 불능이 된 경우도 결국은 불능으로 처리될 수밖에는 없지만, 늦은데 따른 지체책임은 없어지지 않고 여전히 존속하게 된다.
2 이 경우의 손해배상은 지체에 있어서의 '전보배상'과 마찬가지의 내용일 수밖에 없다.
3 대법원 2002. 2. 8. 선고 99다23901 판결. 이 판결에서처럼 부동산이 수용되어 보상금이 나온 경우에 주로 문제되는데, 채권자는 원래의 이행에 대신하여 그 보상금을 넘겨줄 것을 청구하는 것을 그 내용으로 한다.
4 채권자가 대상청구권을 행사하는 경우에도 마찬가지라고 할 것이다.

불능의 판단

불능이란 단순히 절대적, 물리적으로 불가능한 것만을 의미하는 것이 아니라 경험법칙 또는 거래상의 관념에 비추어 그 이행을 기대할 수 없는 경우를 말한다.[5] 집을 팔기로 한 경우, 집이 화재로 소실된 경우도 불능이지만, 매도인이 그 집을 매수인이 아닌 제3자에게 넘겨준 경우도 매수인에 대한 채무는 불능이 된다.[6] 물건을 주는 급부 중에서는 주로 특정물을 중심으로 문제되고, 종류물이거나 특히 금전채권에 있어서는 불능은 문제되지 않는다.

그런데 불능은 그 시점에 따라 행위시 이미 불가능했던 **원시적 불능**과 행위 당시에는 가능하였으나 추후 불가능해진 **후발적 불능**으로 나뉜다. 채무불이행책임이 성립하기 위해서는 당사자의 잘못이 필요하므로 채무불이행인 이행불능은 후발적 불능의 경우에만 한정된다.[7] 그런데 원시적 불능은 때때로 이를 알고 있었을 자에게 책임을 지도록 하고 있다. 우리 민법에서도 목적이 불능한 계약을 체결할 때에 그 불능을 알았거나 알 수 있었을 자는 상대방이 그 계약의 유효를 믿었음으로 인하여 받은 손해를 배상하도록 하고 있다(제535조).[8]

---

5 예컨대 대법원 2003. 1. 24. 선고 2000다22850 판결.
6 대법원 1983. 3. 22. 선고 80다1416 판결에 따르면 부동산매매에 있어서 매도인이 목적물을 타인에게 이미 매도하여 그 타인에게 소유권이전등기를 하여줄 의무가 있음에도 불구하고 제3자에게 다시 양도하여 소유권이전등기를 경유한 때에는 특별한 사정이 없는 한 매도인이 그 타인에게 부담하고 있는 소유권이전등기의무는 이행불능의 상태에 있다고 봄이 상당하다고 하였다.
7 그러나, 법원은 이행불능 자체에 잘못이 없는 경우에도 채무불이행책임을 인정한 바 있다. 대법원 2011. 8. 25. 선고 2011다43778 판결에서는 계약당사자 일방이 자신이 부담하는 계약상 채무를 이행하는 데 장애가 될 수 있는 사유를 계약을 체결할 당시에 알았거나 예견할 수 있었음에도 이를 상대방에게 고지하지 아니한 경우에는, 비록 그 사유로 말미암아 후에 채무불이행이 되는 것 자체에 대하여는 그에게 어떠한 잘못이 없다고 하더라도, 상대방이 그 장애사유를 인식하고 이에 관한 위험을 인수하여 계약을 체결하였다거나 채무불이행이 상대방의 책임 있는 사유로 인한 것으로 평가되어야 하는 등의 특별한 사정이 없는 한, 그 채무가 불이행된 것에 대하여 귀책사유가 없다고 할 수 없다고 하였다.
8 계약체결시에 발생할 수 있는 책임 문제로 민법은 이를 계약의 성립과 관련하여 규정하고 있다(민법 제3편 채권/제2장 계약/제1절 총칙/제1관).

3104 이행하긴 했습니다만 문제가 생겼습니다

이행을 했으나 그것이 채무의 내용과 차이가 있는 경우도 있다. 대부분은 일부 이행지체이거나 일부 이행불능의 경우가 되겠지만, 그렇지 않은 경우도 있다. 대표적으로 이행된 부분이 문제가 되어 채권자에게 추가적인 피해가 발생한 경우가 그렇다. 예컨대 가축에게 먹일 사료를 팔았는데 그 사료가 상해 있었던 탓에 사료를 먹은 가축이 죽었다거나, 빌려준 자동차에 문제가 있어 운행중 사고가 발생한 경우가 그렇다. 이러한 경우를 **불완전이행**이라고 한다.

불완전이행에 있어 중요한 것은 제대로 된 이행이나 계약관계의 종료 같은 게 아니다.[1] 오히려 잘못된 이행으로 인해 발생한 피해의 배상이 중요하며, 이는 결국 채무불이행으로 인한 **손해배상청구**를 통해 해결되어야 한다(제390조). 다만 이 경우의 배상 내용은 애초 채무의 이행과 관련된 내용이 아닐 수도 있으며, 이 경우는 채무불이행 본연의 그것과는 사뭇 다를 수밖에 없을 것이다.

---

1 그것이 필요할 경우 민법에 따라 완전한 이행을 청구할 수 있음은 당연하며(제389조), 명문의 규정은 없지만 계약의 해제도 불가능하지는 않을 것이다. 완전이행이 가능한 경우는 이행지체의 경우와 같이 최고가 필요하다고 보아야 할 것이다.

채무불이행의 새로운 형태와 유형론

원래 채무불이행은 이행이 가능함에도 늦은 **이행지체**와 더 이상 가능하지 않은 **이행불능**의 두 가지만이 고려되었다.[2] 하지만 **불완전이행**의 문제는 채무불이행의 한 유형으로 등장했고, 이에 따라 채무불이행은 이행지체, 이행불능, 불완전이행의 3유형으로 오랫동안 분류되어 왔다.[3]

그런데 최근에는 이행이 가능함에도 이행을 거부하는 소위 **이행거절**을 별도의 유형으로 분류하는 견해가 제기되고 있는 상황이다. 이는 이행이 가능하다는 점에서 이행지체와 마찬가지지만, 이미 이행을 거부하고 있는 상황에서 해제를 위해 이행기를 기다려 최고할 필요없이 곧바로 해제를 인정할 필요가 있다.[4] 물론 해제를 원하지 않을 경우에는 이행기를 기다려 강제이행청구하는 것도 얼마든지 가능할 것이다.

이행거절은 이행이 가능하다는 점에서 이행불능도 아니고 이행된 바가 없으므로 불완전이행도 아니며 이행지체와도 다르게 취급될 필요가 있는데,[5] 그렇다면 그동안 유지되어온 채무불이행의 3유형도 더이상 유지되지 못한다. 다만 우리 민법은 독일법을 본받아 법을 만들면서도, 채무불이행이라는 '개방적 구성요건'을 채택한 일본법과 같은 태도를 취하고 있다. 즉 제390조에서는 채무의 내용에 좇은 이행을 하지 아니한 모든 경우를 채무불이행으로 포섭할 수 있으므로[6] 그동안의 '폐쇄적 유형론'에 구애받을 필요가 없다.

---

2 우리법, 보다 정확하게는, 우리법에 지대한 영향을 미친 독일법의 제정시는 그랬고, 우리법에서도 해제에 대한 규정에서 그 흔적을 확인할 수 있다.
3 물론 여전히 대부분의 채무불이행은 이행지체와 이행불능에 해당함을 주의할 필요가 있다.
4 설령 민법 제544조의 단서에 따라 채무자가 미리 이행하지 아니할 의사를 표시한 경우로 최고가 불필요하다고 하더라도 해제는 이행기 이후에 가능하다. 이 경우에 있어 실제 법원은 이행기를 기다릴 필요없이 곧바로 해제를 할 수 있다고 판시한 바 있다(대법원 1993. 6. 25. 선고 93다11821 판결 참조).
5 여전히 이행거절을 이행지체의 특수한 형태로 보는 입장도 존재한다.
6 우리 민법에서는 변제는 채무내용에 좇은 현실제공으로 이를 하여야 한다고 하고(제460조), 채무자가 채무의 내용에 좇은 이행을 하지 아니한 때에는 채권자는 손해배상을 청구할 수 있다고 한 것(제390조)에서 확인할 수 있듯이 '채무 내용에 좇다'라고 표현하고 있다.

3105 계약이라면 묻지도 따지지도 않고 돈값만큼은

대표적으로 매매계약에서 확인할 수 있듯이 대가관계가 인정되는 계약의 경우에는, 채무불이행이 발생하면 대부분의 사람들이 복잡한 것은 따지지 않고 본전을 생각할 것이다. 특히 돈을 주는 입장에서는 돈을 준 만큼의 물건 혹은 서비스를 받기를 원할 것이고, 그렇지 못할 경우 추가적인 이행의 청구나 계약 해제 이외에도 제대로 되지 못한 부분만큼의 돈을 주지 않거나 돌려받고자 할 수 있다. 이와 같이 추가적인 요건없이 불이행 사실만으로 책임을 인정하는 것을 **담보책임**이라고 하고, **대금감액청구권**도 그 내용 중 하나로 인정된다.[1]

담보책임은 민법에서 매매계약과 관련하여 규정하고 있지만(민법 제3편 채권/제2장 계약/제3절 매매/제2관 매매의 효력), 담보책임으로 대표되는 매매에 대한 규정은 모든 유상계약에 준용된다(제567조). 담보책임에 대한 규정을 보면, 대금감액청구권 외에도 그 상황에 따라 **계약해제권, 손해배상청구권, 완전물급부청구권**이 인정되고 있는데, 동일한 내용의 권리가 인정되는 채무불이행과 달리 위반자의 고의나 과실은 요구되지 않지만 해제에 있어서는 계약의 목적이 달성될 수 없는 것, 손해배상청구에 있어서는 청구자[2]가 이행에 문제가 있을 수 있다는 사정을 몰랐을 것(즉 선의) 등에 의해 제한되기도 한다. 결과적으로 제대로 이행되지 않기만 하면 되므로 하자가 계약 이후의 것인지(후발적 하자) 이전에 이미 있었던 것인지(원시적 하자) 따지지 않는 것으로 보는 것이 타당할 것이다.

---

1 마찬가지의 결과는 다른 제도를 통해서도 달성이 불가능한 것은 아니다. 예컨대 쌍방의 귀책사유가 없는 경우에는 '일부위험부담'으로도 구성이 가능할 것이다.
2 매매계약에서의 매수인이며, 물건을 넘겨주는 급부의 채권자이기도 하다. 매도인에게로의 금전급부는 불능이 문제되지 않아 복잡한 규율이 필요하지 않다.

담보책임과 채무불이행

담보책임은 유상계약의 등가성 유지를 위해 인정되는 계약책임으로 동시에 채무불이행책임이 문제될 수 있다. 그러나 담보책임은 원시적 하자[3]의 경우에도 문제될 수 있고,[4] 과실이 불필요하다는 무과실책임을 넘어 결과책임 내지는 결과에 대한 보증책임이라는 점에서 채무불이행책임과 구별된다.

특히 후발적 하자의 경우에는 담보책임은 채무불이행책임에 비해 매우 손쉽게 활용할 수 있는 제도가 된다. 다만 그만큼 책임의 내용이나 행사시간에 있어 제한이 있을 수 있다. 고의나 과실이 요구되지 않는 만큼 손해배상도 채무불이행의 경우와는 달리 제한되어야 할 필요가 있어서 그 내용에 대해 많은 논란이 있고,[5] 마찬가지의 이유로 일정한 경우 권리행사기간도 제한되어 있다(제573조, 제582조).

그런데, 우리법은 채무불이행책임은 고의, 과실을 필요로 하기는 하나 이를 청구자가 증명하는 것이 아니라 제대로 이행하지 않은 자가 고의, 과실이 없었음을 증명하도록 하고 있어 마치 무과실책임의 경우처럼 손쉽게 손해배상청구를 할 수 있어 그 간극이 매우 크지는 않다고 할 것이다.

3　'하자'는 주로 물건에 결함이 있을 때를 지칭하는데, 물건에 한하지 않고 권리에 있어서까지 원래 이행되어야 할 내용에 미치지 못할 모든 경우를 지칭하여 사용될 수 있다. 이 경우의 담보는 보증과 같은 채권담보와 마찬가지로 급부를 확실히 하는 의미를 뜻하는데, 당사자에 의해 이루어진다는 점에서 채권담보제도의 경우와 구별된다.
4　채무불이행책임은 원칙적으로 원시적 하자의 경우에는 문제되지 않는다. 원래 담보책임은 원시적 하자의 경우에만 문제된다고 보았는데, 지금은 이에 한정하지 않는 것으로 보는 것이 보다 일반적인 태도이다. 만약 담보책임을 원시적 하자의 경우에 한정하여 발생하는 것으로 본다면 담보책임은 채무불이행책임과는 완전 다른 별개의 책임으로 두 책임이 함께 문제되는 경우는 발생하지 않는다.
5　다만, 법원은 민법 제569조, 제570조에서 규정한 타인의 권리를 매매한 경우에 있어 그 계약이 완전히 이행된 것과 동일한 경제적 이익을 배상할 의무가 있다고 한 바 있다(대법원 1967. 5. 18. 선고 66다2618 전원합의체 판결).

3106 얼마면 돼?

채무불이행에서의 원칙적 구제는 강제이행청구라고 할 것이지만, 아예 불가능한 경우도 있고, 청구자가 이를 원하지 않을 수도 있다. 이 경우는 결국 **손해배상청구**만이 의미를 가진다.

손해는 타인의 잘못된 행위(위법행위)로 인해 비자발적으로 발생한 경우로[1] 법은 일정한 요건 하에 손해를 끼친 타인에게 그 배상을 청구할 수 있도록 하고 있다.[2] 손해는 위법행위로 인한 현실의 상태와 위법행위가 없었더라면 존재했을 가상의 상태를 비교해서 파악한다(차액설). 특히 채무불이행에 있어서의 손해를 채무가 이행되었을 상태를 기준으로 '이행이익'이라고 칭한다.[3] 손해는 기존의 재산이 감소된 **적극적 손해**와 얻을 수 있었던 이익을 얻지 못한 **소극적 손해(일실이익)** 그리고 **정신적 손해(위자료)**로 나누어서 파악하는 것이 현재의 일반적인 태도이다(손해삼분설). 실제 손해배상을 받기 위해서는 손해를 입은 자가 이를 증명하여야 하는데, 손해에 따라 그 증명이 쉽지가 않고, 정신적 손해의 경우는 금전적인 산정 자체가 곤란할 수도 있다. 손해배상은 민법에서 채무불이행을 다루는 채권의 효력에서 정하고 있다(민법 제3편 채권/제1장 총칙/제2절). 손해배상의 방법은 달리 정한 바가 없으면 돈으로 물어줘야 하고(제394조). 모든 손해를 다 배상하는 것이 아니라, **통상적인 손해(통상손해)**를 그 한도로 하고 **특별한 사정으로 인한 손해(특별손해)**는 채무자가 그 사정을 알았거나 알 수 있었을 경우에만 예외적으로 배상되도록 규정하고 있다(제393조).[4] 손해배상의 범위가 결정되고 난 다음에도 채무불이행에 대한 채권자의 과실이 있는 경우에는 이를 참작하도록 하고 있고(제396조: **과실상계**),[5] 채무불이행으로 인해 채권자에게 이득이 생긴 경우에는 손해배상액산정에서 이를 고려하도록 하고 있다(**손익상계**).

금전채무불이행의 경우에는 특칙을 두어 채권자는 손해의 증명을 요하지 아니하고, 손해배상액도 법정이율(법령의 제한에 위반하지 아니한 약정이율이 있으면 그 이율)에 의하도록 하고 있다(제397조).

---

1 자발적으로 지출하는 경우는 '비용'이라고 한다.
2 그렇지 않은 경우는 스스로 이를 감수하는 수밖에 없다.
3 이행이익과 구별되는 개념으로서 '신뢰이익'도 존재한다. 민법 제535조에서 그 흔적을 찾을 수 있는데, 이 조항에서는 신뢰이익의 개념과 동시에 이행이익과의 관계를 명시하고 있다. 이에 따르면 손해배상의 내용으로 인정되는 신뢰이익은 이행이익보다 반드시 작게 되는데, 우리의 경우에는 민법 제535조의 경우 이외에도 손해배상의 내용을 제한하고자 하는 경우 신뢰이익의 개념을 사용하고 있다. 특히 대법원이 계약의 해제시, 이 경우는 채무불이행에 있어서의 손해배상이므로 원칙적으로 이행이익의 배상이 인정되어야 함에도, 신뢰이익의 배상을 인정한 적이 있다(대법원 1999. 7. 27. 선고 99다13621 판결 등).
4 전세계적으로도 완전배상이 아닌 제한배상이 일반적이다. 이에 따라 손해배상의 취지 자체를 '손해의 공평한 사회적 분담'이라고 표현하기도 한다.
5 과실상계도 언제나 인정될 수 있는 것이 아니라 피해자의 부주의를 이용하여 고의로 손해를 입힌 경우에는 과실상계를 주장하는 것은 신의성실에 반한다는 것이 대법원의 입장(대법원 2007. 6. 14. 선고 2005다32999 판결)이다.

손해배상액의 예정과 위약금

민법에서는 당사자가 채무불이행에 관한 손해배상액을 미리 정해둘 수 있도록 하고 있다(제398조 제1항: **손해배상액의 예정**). 이 경우 반드시 금전일 필요도 없다(제5항). 특히 계약시에는 구속력을 강화하는 방안이나 사후의 분쟁에 미리 대비하는 차원에서 이를 적극적으로 활용한다.[6] 손해배상청구에서 가장 어려운 점은 손해의 증명에 있다고 해도 과언이 아니므로, 그 이점은 실제에 있어 매우 크다고 할 것이다. 다만 더 큰 손해가 발생하였다고 하더라도 예정된 금액 이상을 청구할 수는 없게 된다. 손해배상의 예정액이 부당히 과다한 경우에는 법원은 적당히 감액할 수 있고(제2항), 손해배상액의 예정은 이행의 청구나 계약의 해제에 영향을 미치지 아니한다(제3항).

손해배상액과 별도로 **위약금**을 약정해 두는 것도 불가능하지는 않다. 그러나, 이러한 경우는 예외적이라, 명확하게 손해배상액과 별도로 본다고 하지 않는 한, 위약금의 약정은 손해배상액의 예정으로 추정한다(제4항).[7] 당사자의 의사가 가장 중요한데, 손해배상과는 별도의 위약금으로 인정될 경우에는 의무 위반시 위약금 외에 손해배상도 함께 청구할 수 있고, 손해배상액의 예정이 아니므로 원칙적으로는 법원에 의한 감액도 허용되지 않는다. 그러나 그 정도가 과한 때에는 민법 제103조에서 정한 바에 따라 선량한 풍속 기타 사회질서에 위반된다는 등의 이유로 제한될 수도 있을 것이다.

---

6 부동산매매에 대한 표준계약서에서는 수수된 계약금을 기준으로 채무불이행시 손해배상액을 예정하는 문구가 포함되어 있기도 하다

7 법원도 마찬가지의 입장이다. 대법원 2000. 12. 8. 선고 2000다35771 판결 참조.

3107 주고 싶은데 상대가 안 받겠다는데요

이행은 원래 채무자의 몫이지만 채권자의 도움이 필요한 경우도 있다.[1] 이를 **채권자지체**라고 하고 민법에서는 채권의 효력에서 이를 규정하는데(민법 제3편 채권/제1장 총칙/제2절) 이 경우 채권자로 하여금 일정한 책임을 지도록 하고 있다(제400조).[2]

채권자지체 중에는 채무자는 고의 또는 중대한 과실이 없으면 불이행으로 인한 모든 책임이 없고(제401조), 채권자지체 중에는 이자있는 채권이라도 채무자는 이자를 지급할 의무가 없다(제402조). 채권자지체로 인하여 그 목적물의 보관 또는 변제의 비용이 증가된 때에는 그 증가액은 채권자의 부담으로 한다(제403조).

쌍무계약에서는 채무자의 이행이 당사자 쌍방의 책임없는 사유로 이행할 수 없게 된 때에는 원래 채권자의 이행도 청구하지 못하지만(제537조) 채권자지체 중에 그렇게 된 때에는 채무자는 채권자의 이행을 청구할 수 있다(제538조).[3]

---

1 계좌이체 등으로 이행이 간편한 금전채무의 이행에 있어서도 계좌폐쇄 등으로 채무의 이행이 이루어지지 않은 경우도 있다. 특히 금전이나 유가증권을 지급하여야 하는 채무의 경우에는 법원에 '공탁'함으로써 이를 해결할 수도 있다. 공탁은 채권의 소멸에서 규정하고 있지만(민법 제3편 채권/제1장 총칙/제6절 채권의 소멸/제2관), 별도의 "공탁법"도 마련되어 있다.

2 채무자는 이행(변제)의 제공을 한 때로부터 채무불이행책임을 지지 않고(제461조). 쌍무계약에서는 채권자가 채무자의 이행의 제공 이후에도 자신의 의무를 이행하고 있지 않다면 채권자 자신은 자신의 채무를 불이행한 데 대한 책임을 지게 될 것이다.

3 다만 채권자지체에 관한 제401조에서 고의나 중과실이 없는 한 아무런 책임이 없다고 하였기 때문에 채권자지체 중 채무에게 중과실이 아닌 단순한 과실이 있는 경우를 어떻게 처리할지에 대해서 상반된 주장이 동시에 제기되고 있다.

채권자지체와 채무불이행

원래 채무불이행은 채무자에게만 문제된다. 다만 그 채무의 내용에 따라 채권자의 협력이 중요한 의미를 가진다면 이 역시도 채무로 보고 그 불이행시 채무불이행책임을 인정할 수 있을지도 모른다.[4]

채권자지체에 대해 일률적으로 채무불이행책임을 인정하거나 반대로 이를 부정하는 논의도 가능하겠지만, 채무의 내용에 따라 다르게 접근하는 것도 생각할 수 있다. 아무래도 물건을 주는 채무보다는 서비스를 제공하는 것과 같은 하는 채무에서 채무불이행책임을 인정할 필요성이 있을 것이다. 그만큼 이행에 있어 채권자의 협력이 중요한 역할을 하기 때문이다.

채권자지체의 경우에도 채무불이행책임을 인정한다면 민법 제400조 이하에 규정된 여러 법적 효과 외에도 강제이행청구(제389조), 손해배상청구(제390조) 나아가 계약의 해제(제544조, 제546조 등)도 가능하다. 반대로 이 경우를 채무불이행이라고 보지 않으면 민법 제400조 이하의 법적 효과만이 문제될 뿐이다.

---

4 참고로, 채권자지체에 대한 규정이 채무불이행 바로 다음에 있다.

3108 상대가 가진 게 없으면 어떡하죠?

강제이행이건 손해배상이건, 특히 돈을 받아야 하는 경우에는, 상대가 가진 게 없다면 소용이 없다. 오로지 합법적인 범위 내에서만 청구건 집행이건 가능하다.[1] 반대로 재산이 있는 경우에는 그 재산을 집행하면 그만이므로, 상대에게 재산, 즉 **책임재산**이 있는지가 매우 중요하다.

저당권 등 담보를 설정해 두거나 소송에 앞서 보전처분을 하는 방법도 있지만 그 외의 경우에도 책임재산을 확보할 수 있는 방법이 민법에서 채권의 효력과 관련하여 규정되어 있다(민법 제3편 채권/제1장 총칙/제2절). 채무자가 재산이 없음에도 타인(제3채무자)에 대한 채권을 행사하지 않고 있다면 채권자가 이를 대신 행사할 수 있고(제404조: **채권자대위권**),[2] 채무자가 채권자에게 해가 되는 재산권을 목적으로 한 법률행위(사해행위)를 한 때에는[3] 이를 취소 및 원상회복을 청구할 수 있다(제406조: **채권자취소권**).[4] 어느 경우나 채권자가 채무자의 행위에 개입하는 것이므로 책임재산에 대한 '보전의 필요성'이 인정되는 경우에만 예외적으로 인정되고, 특히 어차피 이행해야 할 제3채무자의 채무를 이행하게 하는 채권자대위권에 비해 채무자의 행위로 새롭게 이해관계를 가지는 제3자(수익자 혹은 전득자)가 존재하는 채권자취소권의 경우에는 채무자의 악의는 물론 제3자들 역시 악의여서 보호가치가 없을 경우에만 취소 및 원상회복을 청구할 수 있다.[5]

---

1 배째라고 한다고 진짜 쨀 수는 없는 노릇이다.

2 대신 행사하는 것이기에 그 효과가 채권자가 아닌 채무자에게 귀속될 뿐, 채권자가 바로 혜택을 보는 것도 아니다. 또한 제3채무자가 이로 인해 불리해져서는 아니되므로 채권자는 그 채권의 기한이 도래하기 전에는 법원의 허가없이 전항의 권리를 행사하지 못하고(제2항), 제3채무자는 채무자에 대한 항변사유로 채권자의 권리행사에 대항할 수 있다고 할 것이다.

3 재산을 빼돌린 것과 같은 경우인데, 때로는 물건을 처분하여 소비하기 쉬운 금전으로 바꾸는 경우도 이에 해당되고(대법원 1966. 10. 4. 선고 66다1535 판결), 변제나 담보설정행위 등에 대해서도 논란이 있는 등 사해행위에 해당하는지에 대해서는 단정적으로 판단하기가 쉽지 않다.

4 유사한 제도로서 "채무자 회생 및 파산에 관한 법률"에 의하여 인정되는 '부인권'이 있다. 이는 파산이나 회생과 같은 비정상적인 상황을 전제로 하므로 법률행위만으로 한정되는 않는 등 여러 가지 면에서 훨씬 강력하다.

5 특히 채권자취소권은 재판상으로만 취소 및 원상회복을 청구할 수 있도록 하고 있고, 그 행사기간도 제한하고 있다(제2항). 그 효력은 모든 채권자의 이익을 위하여 인정되므로(제407조) 취소 된 이후에도 채권자는 취소의 대상이 되었던 그 재산에 대하여 다시 집행을 신청하여야 한다.

채권자대위권의 전용

　채권자대위권이건 채권자취소권이건 책임재산을 보전하기 위한 제도로 원래는 금전채권에 한해서 인정되어 온 제도이고 채권자취소권의 경우에는 여전히 그 한도에서만 인정되고 있다.[6]

　하지만 채권자대위권은 본래의 용도로는 활용되지 않고,[7] 오히려 다른 영역에서 그 모습을 확인할 수 있다. 예를 들어 상대에 대해 등기를 넘겨달라고 할 수 있는 권리를 가진다고 하면, 등기이전에 대한 채권자는 그 채무자에게 이행을 청구하고 채무자가 응하지 않더라도 강제집행을 할 수 있다. 그런데 등기가 채무자에게 있지 않고 채무자 역시 이에 대한 권리만을 가지고 있는 경우에 채무자가 등기를 갖추는데 소극적이라면,[8] 채권자가 채무자의 권리를 대신 행사하여 채무자가 등기를 가지게끔 한 후 집행을 할 수 있도록 한다.[9] 당연하게도 이 경우에는 채권자대위권에 대한 원래의 제한, 특히 보전의 필요성 등은 요구되지 않는다.

6　법원은 매도인이 제2매수인에게 부동산을 이중양도한 경우에 제1매수인이 이행불능을 이유로 한 손해배상청구권을 토대로도 채권자취소권을 행사할 수 없다고 하였다(대법원 1999. 4. 27. 선고 98다56690 판결).

7　우리의 경우는 채무자가 가진 채권에 대한 집행이 가능하다. '채권압류'와 함께 '추심명령' 혹은 '전부명령'을 받으면 채권자가 제3채무자에게 직접 권리를 행사할 수 있어 굳이 채권자대위권을 행사할 필요가 없다.

8　등기를 갖춰봐야 다시 넘겨줘야 하니 적극적일 수가 없을 것이다. 아직 소유자가 아닌 채권자는 채무자에게만 권리를 주장할 수 있을 뿐 현재 등기명의자에게 아무런 청구도 할 수 없다. 만약 소유자라면 소유권을 근거로 직접 권리를 주장하면 된다(민법 제213조, 제214조).

9　그 예는 실로 많아, 동일한 내용의 급부가 당사자를 달리하여 연이어 존재하는 거의 모든 경우(예컨대, A-B-C 사이에서 동일한 내용의 급부가 문제되는 경우)에 채권자대위권이 활용된다고 해도 무방하다. 매도인이 제2매수인에게 부동산을 이중양도하고 그 행위가 무효가 된 경우(소위 이중매매)에 애초 문제되었던 권리를 실현하고자 하는 제1매수인은 매도인이 제2매수인에 대해 가지는 권리(무효로 인한 반환)를 대위행사할 수 있다는 것이 법원의 확고한 입장이다(대법원 1980. 5. 27. 선고 80다565 판결 등).

좀 더 알아봅시다 5: 회생과 파산

채무가 있음에도 이를 면제 내지 삭감받을 수 있는 제도로서 '회생'과 '파산'이라는 제도도 있다. 회생이 개시되면 채무를 상당부분 줄여주는 대신 기간을 정해서 남은 채무를 채무자로 하여금 갚아나가게 하고, 파산이 선고되면 채무자의 남은 재산을 채권자에게 분배하고 나머지 채무에 대해서는 법원이 채무자의 책임을 면제해 준다.

이에 대해서는 "채무자 회생 및 파산에 관한 법률"이 규율하고 있다. 종래 회사정리법, 화의법, 파산법, 개인채무자회생법 등 여러 법에 의해서 나뉘어 규정되고 있는 것을 2006년에 위 법으로 통합한 것으로, 이러한 이유에서 '통합도산법'이라고도 칭해진다. 주로 회사의 경우에 채권자, 주주 등 주변관계인들의 이해관계를 조정하여 회생시키거나 그마저도 여의치 않은 경우 퇴출시키면서 공정하게 회사의 재산을 환가, 배당 등 정리하는 제도로서 활용되어 왔는데,[1] 최근에는 개인의 파산이나 회생도 많이 문제되고 있다.

법에서는 크게 회생절차(제2편), 파산절차(제3편), 개인회생절차(제4편)로 나누어서 규율하고 있고, 관리인(제74조), 파산관재인(제355조), 회생위원(제601조)이 선임되어 재산을 관리한다. 가장 대표적인 관리행위는 제100조 이하, 제391조 이하, 제584조에서 규정하고 있는 '부인권'으로 관리재산을 원상회복시키는 것을 말한다.[2]

회생과 파산은 채권자의 입장에서 매우 불리할 수밖에 없는 제도로서, 채무자의 경제적 갱생을 도모하기 위한 것일지라도 그 남용은 사회적으로 문제가 될 수밖에 없으므로 법원의 인가 혹은 선고를 받아야만 한다. 회생과는 달리 파산이 된 경우에는 여러 가지 법적 경제적 제한이 따르지만, 추후 복권이 되기도 한다.[3]

특히 파산의 경우에는 일반 민사관계에서도 여러 효과를 발생시키는데, 예컨대 대리인의 대리권이 소멸된다거나(민법 제127조), 소비대차의 경우에는 아직 채권자가 빌려주기 전이면 당사자 일방의 파산으로서 소비대차계약은 효력을 잃는다(민법 제599조). 기한의 이익이 상실되기도 한다("채무자 회생 및 파산에 관한 법률" 제425조).

---

1 유사한 제도로는 금융기관을 중심으로 하는 '워크아웃' 제도가 존재하는데, "기업구조조정촉진법"이 관련사항을 규정한다. 이 법은 기업구조조정에 있어 다른 법률에 우선하지만 '채무자 회생 및 파산에 관한 법률'은 예외로 하고 있다(제3조).
2 민법상 '채권자취소권'과는 달리 법률행위에 한하지 않고 전방위적으로 행사된다.
3 직업의 경우를 예로 들자면, 원칙적으로 파산을 하였다는 이유로 취업의 제한이나 해고 등 불이익한 처우를 받지 아니하지만("채무자 회생 및 파산에 관한 법률" 제32조의2), 그럼에도 개별 법률에 따른 직업·사업 등의 제한을 받을 수는 있다(예컨대, "변호사법" 제5조, "국가공무원법" 제33조, "사립학교법" 제52조, "공인중개사법" 제10조, "학원의 설립·운영 및 과외교습에 관한 법률" 제9조 등). 복권이 되면 이와 같은 제한은 없어진다. 파산자의 원활한 사회복귀를 위해 실무상 과도한 낭비, 허위채무의 부담, 재산 은닉 등의 사유가 없다면 복권이 되는 편이다.

회생과 파산은 주로 채무자가 자신의 이익을 위해 신청하지만, 파산의 경우는 채권자가 신청할 수 있기도 하다("채무자 회생 및 파산에 관한 법률" 제294조). 파산이 되면 채권자에게 불리한 상황인데도 채권자가 별도의 목적을 위해 이를 신청할 수 있도록 한 것인데, 이 경우 파산신청이 파산절차의 남용으로 인정될 경우 파산신청 자체가 기각될 수도 있다(제309조 제2항).

채권자의 입장에서는 채무자가 회생절차에 들어가거나 파산을 하게 되면 자신의 채권을 회수할 수가 없게 될 수도 있다. 채권에는 우선순위가 없을 뿐만 아니라[4] 회생이나 파산 절차에서는 채무자를 갱생하고 모든 채권자들에게 공평하게 처리하는데 초점이 있을 뿐이다. 다만, 우선권을 위해 담보물권을 확보해 둔 경우에는 '회생담보권' 또는 '별제권'을 통하여 여전히 우선권을 확보할 수 있고, 또한 채권자는 일정한 경우 상계를 통해서도 우선권을 확보할 수 있는 경우가 있다.[5]

---

4 다만 회생의 경우에 일정한 채권은 회생 절차를 수행하는 데 필요하여 수시로 우선변제를 받을 수 있도록 하고 있는데 이를 '공익채권'이라고 하여 '회생채권'과 구별한다.
5 '상계'는 쌍방이 서로 같은 종류를 목적으로 한 채무를 부담한 경우에 일방의 의사에 의하여 서로의 채무를 대등액에 관하여 소멸시키는 것으로 채권의 소멸에서 규정하고 있다(민법 제3편 채권/제1장 총칙/제6절 채권의 소멸/제3관). 대표적인 '형성권'의 예 중 하나로 사실상 채권을 최우선하여 변제받는 효과가 있어 다른 채권들과의 관계에서 부당한 경우 그 행사를 제한하기 위한 논의가 곳곳에서 이루어지고 있다. 특히 채권자들 간의 공평이 무엇보다 중요한 회생과 파산의 경우가 그렇고, "채무자 회생 및 파산에 관한 법률"에서도 상계와 관련된 많은 규정을 두고 있다.

3201 잘못했으면 책임져야죠

사람과 사람 사이에 계약 등으로 인해 채권채무관계가 존재하지 않는 경우라도, 잘못된 행위(위법행위)로 인해 타인에게 피해를 끼친 경우는 이에 대한 책임을 지도록 하고 있는데, 이를 **불법행위**라고 하고, 계약과 함께 채권을 발생시키는 원인으로 취급하여 채권과 관련하여 규정되어 있다(민법 제3편 채권/제5장). 이러한 민사책임은 형사책임과도 겹치는 부분이 많은데,[1] 국가에 의해 형벌이 부과되는 형사책임의 경우와 달리 민법은 그 책임으로 피해에 대한 **손해배상**을(제750조), 명예가 훼손된 경우에는 법원은 피해자의 청구에 의하여 손해배상에 갈음하거나 손해배상과 함께 명예회복에 적당한 처분을 명할 수 있도록 하고 있다(제764조).

불법행위의 기본적인 내용을 규율하고 있는 민법에 따르면, 위법행위에 의한 피해가 있기만 하면 되는 것이 아니라 **과실책임의 원칙**에 따라 고의 혹은 과실이 필요하다(제750조).[2] 채무불이행의 경우와는 달리 고의 혹은 과실이 있음을 피해자가 증명하여야 한다. 손해배상에 대한 내용은 채무불이행에 있어서의 관련규정들을 불법행위에 그대로 준용하고 있다(제763조). 손해배상액의 예정과 같은 경우는 대개 불법행위에서 문제되지 않는 등 차이도 있는데, 가장 큰 차이점은 손해배상의 내용일 것이다. 어느 경우건 위법행위가 없었을 가상적인 상태와의 비교를 통해 손해를 산정하지만, 불법행위에 있어서의 손해의 내용은 채무불이행에 있어서의 계약이 채무가 이행된 상태를 전제로 하는 '이행이익'일 수는 없다. 불법행위에 있어서는 정신적 손해가 원칙적인 모습으로 파악된다는 점도 차이점이다(제751조, 제752조).[3]

---

1 위법행위 중 일정한 경우를 범죄로 규정한 것이라, 범죄가 인정되면 대개의 경우 불법행위가 동시에 문제될 수밖에 없다.
2 이는 형사책임에서도 마찬가지지만 형사의 경우에는 고의의 경우에만 처벌하고, 과실의 경우에는 예외적으로 법규정이 있는 경우에만 처벌하고 있다(형법 제14조).
3 채무불이행의 경우에도 정신적 손해의 배상이 인정되지 않는 것은 아니지만, '특별손해'로 분류되어 민법 제393조에 따라 채무자가 그 사정을 알았거나 알 수 있었을 때에 한하여 배상의 책임이 있는 것으로 보는 것이 일반적이다.

불법행위의 종류

불법행위는 그 영역이 매우 넓다. 그만큼 유형은 실로 다양하여 이를 분류하는 것 자체가 의미가 없다. 우리 민법에서 규정하는 불법행위는 위법행위에만 해당되면 어느 경우나 이에 해당할 수 있는 일반규정을 두고 있다. 다만 각각의 특수한 상황에 따라 그 위법행위가 좀 더 구체적으로 정해지기도 하고, 고의나 과실 없이도 책임을 인정하거나 손해배상의 내용을 미리 정하기도 한다. 이런 규정들은 개별법에 산재해 있고 심지어는 민법에도 존재한다. 특별법 혹은 특별규정이 존재하는 경우 이를 먼저 적용해야 한다.[4]

민법상 특별규정에는 제5장 불법행위에서 책임무능력자의 감독자로서의 책임(제755조), 타인을 사용한 자의 책임(제756조), 도급인으로서의 책임(제757조), 공작물의 점유자 및 소유자의 책임(제758조), 동물의 점유자로서의 책임(제759조)을 규정하고 있다. 그러나 불법행위에 대한 규정은 이들에 그치지 않는다. 민법에는 수도 없이 많은 손해배상에 대한 규정이 있는데(대표적으로 점유침탈에 대한 제204조, 제205조), 이것들은 죄다 불법행위의 성격을 지닌다고 할 것이다.

그 특수성으로 인해 별도의 특별영역으로 다루어지는 영역들도 있다. 그 예로는 자동차사고, 의료사고, 제조물하자로 인한 사고 등을 들 수 있는데, 이 중 자동차사고에 대해서는 "자동차손해배상 보장법"이, 제조물하자로 인한 사고에 대해서는 "제조물 책임법"이 별도로 존재한다.

---

4 특별법 혹은 특별규정에서 정한 것 외에 일반적인 내용은 민법을 따를 수밖에 없다.

3202 위법한 게 뭔가요?

위법하다는 것, 즉 **위법성**은 주로 행위에 대한 평가로서 이루어지고, 어떠한 행위가 사회전체질서에서 용납되지 않는 것을 의미한다. 위법한 행위 중에 사회 질서 유지에 꼭 필요하다고 판단되는 것들을 범죄로 규정하여 형벌이라는 가장 강력한 수단을 통해 통제하려고 하는 것이 형사법이고,[1] 민사법에서는 위법행위로 인해 피해가 발생한 경우에 대표적으로 피해자로 하여금 가해자에게 손해배상을 청구할 수 있도록 하여 사적인 측면에서도 구제가 이루어지도록 하고 있는 것이다. 위법행위는 손해배상 이외에도 민사적인 규제에 있어 필수적인 토대가 된다. 대표적으로 소유권이 침해될 경우에는 물권적 청구권을 행사하여 그 침해를 배제할 수 있는데(민법 제213조, 제214조), 이 경우 손해배상책임의 경우에서처럼 고의나 과실 같은 추가적인 귀책사유가 필요하지는 않지만 그 침해가 위법함은 당연히 요구된다. 전체법질서에서의 판단이므로 개별법마다 그 판단이 달라져서는 안 된다.[2]

소유권과 같은 '물권'은 대세적인 효력을 가지므로 이에 대한 침해는 원칙적으로 위법하다.[3] 이 경우, 방해배제청구는 물론이고 고의, 과실이 인정되는 경우에는 손해배상과 같은 책임이 인정된다. 그런데 이와 다른 '채권'은 원칙적으로 채무자에 의한 채무불이행만이 가능하고, 채무자가 아닌 제3자에 의한 침해에 따라 별도의 불법행위책임을 인정할 수 있는지, 더 나아가 침해의 배제를 요청할 수 있는지가 어려운 문제로 등장하게 된다. 채권 역시 보호받아야 하는 재산권이라는 측면에서 이에 대한 침해가 위법할 수는 있겠으나, 대외적으로 공시되지도 않는 고의나 과실을 증명하기가 어렵고, 무엇보다 방해배제는 인정되기 어려울 것이다.[4]

일단 위법한 것으로 보이는 행위라고 할지라도 일정한 경우 그 **위법성**이 **조각**되기도 한다. 대표적으로 **정당방위**나 **긴급피난**이 그 예가 되는데, 그러한 경우 사회적으로 그 행위가 용납되지 않는다고 볼 수 없기 때문에 극히 예외적으로 이를 인정하는 것이다. 이는 형사법에 있어 범죄의 성립을 막는 매우 중요한 경우에 해당하지만(형법 제20조-제24조), 민사적으로도 책임의 성립을 배제한다(민법 제761조).[5]

---

1 반대로 범죄가 아닌 위법행위도 얼마든지 있을 수 있다.
2 어떤 법에서는 위법한 것이 다른 법에서는 그렇지 않다면 수많은 법 속에서 살아가면서 얼마나 혼란스러울지를 생각해 보라.
3 지배권적 성격을 가지는 새로운 권리들도 마찬가지이다.
4 특히 임차권과 같이 현상태의 안정이 필요한 경우에는 이러한 권리구제가 필요할 것인데, 이 경우는 현재의 점유상태 자체를 보호하는 점유보호청구권(민법 제204조-제206조)을 활용하거나, 소유자가 가지는 물권적 청구권을 대위행사하는 방법을 생각해 볼 수 있을 것이다.
5 이 규정에서는 정당방위나 긴급피난에 해당되어 책임이 배제될 경우 피해자는 정당방위나 긴급피난을 야기한 자에게 손해배상을 청구할 수 있도록 하고 있다.

권리의 충돌과 위법성

모든 사람이 각자의 권리를 누리며 사는 현대사회에서는, 각 권리들끼리 충돌하는 경우도 발생할 수밖에 없다. 이 경우 각 권리 간의 관계 조절에 따라 권리를 침해하는 행위의 위법성이 결정되기도 한다. 특히 국가 전체 법질서를 다루는 헌법에서는 이를 기본권의 충돌이라고 하고 때로는 권리 간의 순위를 정하거나, 기본권의 본질적 내용을 훼손하지 않도록 각 기본권을 조화롭게 해석하기도 한다.

대표적으로 표현의 자유와 개인의 인격권이 충돌되는 경우가 그 예이다. 누군가의 자유로운 표현은 타인의 명예나 프라이버시를 침해하는 경우가 많은데, 이로 인해 표현의 자유를 무한정 제한하는 것은 사회 전체적으로 봐서도 옳지 못하다. 보도의 자유나 공인의 사생활보호의 충돌도 마찬가지의 문제이다. 실제로 형법에서는 명예훼손과 관련하여 일정한 경우 위법성을 조각하고 있다(형법 제310조). 공익을 해할 목적으로 공연히 허위의 통신을 한 자를 처벌하는 "전기통신기본법" 제47조 제1항은 헌법재판소에서 어떤 목적의 허위통신을 금지하는지에 대해 기준을 제시하지 못한다는 이유로 위헌결정된 바 있다.[6]

특히 민사적으로는 소유권에 있어 그 내용 혹은 한계를 규정하고 있는데(민법 제2편 물권/제3장 소유권/제1절), 특히 인접한 부동산소유자들끼리의 관계를 조절하고 있다. 특히 이를 '상린관계'라고 하는데 통상적인 용도에 적당한 매연, 열기체, 액체, 음향, 진동 등으로 인한 고통은 이를 참고 인용하도록 하고 있다(제217조). 즉 '수인한도' 내의 피해는 위법하지 않은 것으로 보는 것이다. 특히 최근에는 '층간소음'이나 '공동주택 내의 흡연'과 관련하여서도 이러한 부분이 적용될 수 있고, 수인한도를 넘는 위법한 침해에 대해서는 민사적으로 방해배제청구와 손해배상청구가 가능하다.

---

6 헌재 2010. 12. 28. 선고 2008헌바157, 2009헌바88 결정.

3203 잘못이 없어도 책임을 져야 할 수 있습니다

책임은 고의 혹은 과실이 있을 때만 지는 것이 원칙이다. 그러나 최근에는 **무과실책임** 혹은 **결과책임**이 인정되는 경우가 있다. 무과실책임 혹은 결과책임은 책임을 인정함에 있어 반드시 필요한 고의나 과실이 없는 경우에 피해의 발생만을 토대로 하여 책임을 인정하는 것이다. 그만큼 피해자 구제에 신경을 쓰는 것이지만 이는 동시에 과실책임의 원칙 하에서 보호되던 자유를 제한하는 것이기도 하다. 하지만 많은 경우 그 행위로 인해 이익을 보는 자가 이로써 타인에게 발생한 피해를 책임짐으로써 사고에 대한 위험을 배분하는 측면도 있다. 제조업자는 제조물의 결함으로 인해 생명, 신체 또는 재산에 손해를 입은 자에게 손해를 배상하도록 하고("제조물 책임법" 제3조), 자기를 위하여 자동차를 운행하는 자는 그 운행으로 다른 사람을 사망하게 하거나 부상하게 한 경우에는 그 손해를 배상하도록 하고 있는데("자동차손해배상 보장법" 제3조), 무과실책임이 인정되는 대표적인 경우로 거론된다.

이와는 달리 고의, 과실에 대한 **증명책임**을 **전환**하여 사실상 무과실책임을 인정하는 것과 마찬가지인 경우도 법에 의해서 많이 인정되고 있다. 민법에서 특별불법행위로 인정하고 있는 책임무능력자의 감독자로서의 책임(제755조), 타인을 사용한 자의 책임(제756조), 공작물의 점유자 및 소유자의 책임(제758조), 동물의 점유자로서의 책임(제759조)의 경우 고의, 과실의 증명책임을 전환하거나 더 나아가 무과실인 경우에도 책임을 인정하고 있다.[1]

---

1 참고로 책임능력이 있는 미성년자의 친권자 역시 자식을 보호하고 교양할 권리의무가 있으므로 감독책임을 부담할 수 있지만 이에 대해서는 특별규정이 없어 제750조에 따라야 하고 피해자가 친권자의 고의, 과실을 증명하여야 한다.

불법행위에서의 증명책임의 완화

불법행위에서는 피해자가 모든 사항을 증명하여야만 한다. 이에는 피해로 인해 발생된 손해는 물론, 그것이 가해자의 행위에 의한 것이라는 인과관계, 가해자에게 고의 혹은 과실이 있다는 것이 포함된다. 피해자에게 가혹해 보이기는 하나 피해자의 주장에 의해 가해자에게 무분별하게 책임이 인정되는 경우가 없어야 함을 생각한다면 그 타당성을 인정할 수 있을 것이다.

다만 어떤 영역에서는 피해자가 이를 증명하기가 매우 어려울 수 있는데, 대표적으로 의료사고와 환경오염피해가 그렇다. 그 특성상 과실은 물론 인과관계 역시 증명하기가 거의 불가능하다. 이에 따라 법원은 명문의 규정이 없는 경우에도 증명책임을 전환하거나 완화하는 경우가 있다. 최근에 법원은 이러한 증명의 어려움을 고려하여, 환자 측이 의료행위 당시 임상의학 분야에서 실천되고 있는 의료수준에서 통상의 의료인에게 요구되는 주의의무의 위반, 즉 진료상 과실로 평가되는 행위의 존재를 증명하고 그 과실이 환자 측의 손해를 발생시킬 개연성이 있다는 점을 증명한 경우에는 진료상 과실과 손해 사이의 인과관계를 추정하여 인과관계 증명책임을 완화하는 것이 타당하다고 판시한 바 있다.[2] 이로 인해, 합리적 의심이 없을 정도의 증명을 요구하는 형사절차에서는 무죄가 나오는 경우에도 불법행위에 기한 손해배상청구는 인정될 수 있다. 환경오염피해에 대해서도 법원이 마찬가지의 접근을 해 왔으나, 2016년부터는 관련법인 "환경오염피해 배상책임 및 구제에 관한 법률"을 제정하여 무과실책임(제6조)과 인과관계의 추정(제9조) 등을 규정해 두고 있다.

---

2 대법원 2023. 8. 31. 선고 2022다219427 판결.

3204 실제 피해보다 더 많은 손해의 배상도 가능해요

손해배상은 피해의 전보를 목적으로 하므로, 손해가 없다면 손해배상도 전혀 문제되지 않는다. 더구나 '손해의 공평한 사회적 분담'이라는 취지에서 그 배상 범위를 제한하는 것이 현재의 태도이다. 그런데 최근에는 실제손해보다 더 많이 배상하도록 하는 제도가 우리나라에도 속속 도입되고 있다. 이를 손해배상에 형벌의 성격을 더했다고 해서 **징벌적 손해배상**으로 불린다. 2011년에 "하도급거래 공정화에 관한 법률"에서 최초로 적용되었는데, 지금은 "기간제 및 단시간근로자 보호 등에 관한 법률", "개인정보 보호법", "제조물 책임법", "중대재해 처벌 등에 관한 법률" 등 수많은 법에서 이를 규정하고 있다.

이는 주로 고의 혹은 중대한 과실로 인한 불법행위에서 문제된다. 예컨대 제조업자가 제조물의 결함을 알면서도 그 결함에 대하여 필요한 조치를 취하지 아니한 결과로 생명 또는 신체에 중대한 손해를 입은 자가 있는 경우에는 그 자에게 발생한 손해의 3배를 넘지 아니하는 범위에서 배상책임을 진다("제조물 책임법" 제3조 제2항). 사업주 또는 경영책임자등이 고의 또는 중대한 과실로 이 법에서 정한 의무를 위반하여 중대재해를 발생하게 한 경우 해당 사업주, 법인 또는 기관이 중대재해로 손해를 입은 사람에 대하여 그 손해액의 5배를 넘지 아니하는 범위에서 배상책임을 진다("중대재해 처벌 등에 관한 법률" 제15조). 그 범위는 대게 3배에서 5배를 최대한으로 하되, 고의 등의 정도, 피해의 규모, 위반행위의 정도, 가해자가 위반행위로 인해 얻은 이익, 가해자의 재산상태, 피해방지를 위한 노력 등 다양한 사정을 고려하여 정하도록 하고 있다.

징벌적 손해배상의 문제점

징벌적 손해배상은 모든 불법행위에 있어 적용되는 것은 아니고, 고의에 의할 경우에 한하므로 범죄와 같은 성격도 인정될 수 있다는 점에서 아예 설득력이 없는 것은 아니다. 하지만 무엇보다 왜 피해자가 자신이 입은 피해를 넘어 이로 인해 혜택을 입어야 하는지를 설명하지 못한다. 결국 피해를 넘은 범위에서는 형벌적 성격을 가진다고 할 것인데, 차라리 벌금이나 과징금 등으로 해결하는 것이 더 적절할 수 있다.[1] 그리고 이렇게 파악하는 것이 민사와 형사가 엄격히 구별된 대륙법계 국가의 법체계에도 부합한다.

이 제도는 민사와 형사가 엄격히 분리되지 않은 영미법계에서 시작한 제도이다. 18세기 영국에서 최초로 인정되었고, 20세기 후반에 주로 미국에서 대기업을 상대로 하여 그 법리가 발전되어 왔다. 에너지 회사인 PG&E, 맥도날드 등을 상대로 한 손해배상 소송이 유명하고, 미국의 한 판사가 한인 세탁소를 상대로 5,400만 달러를 배상하라고 소송을 건 사건(일명 바지소송)도 유명하다.

영미법에서 출발한 제도가 대륙법계인 우리법에 비판없이 적용하는 것에 대한 비판이 있을 수밖에 없다. 무엇보다 이러한 제도는 갈수록 심해지는 법규제의 또다른 단면이라고 할 것이어서 마찬가지의 입장에서도 문제점이 지적될 수 있을 것이다.

---

1 물론 벌금이나 과징금은 이미 규정이 있는 경우에만 가능한 공법규제이지만, 징벌적 손해배상 역시 현재로서는 미리 규정이 있어야 가능하긴 마찬가지이다.

3205 함께 책임지는 경우도 있습니다

형사적으로도 공범이 존재하듯, **공동불법행위**의 경우에는 민사적으로도 공동책임이 문제된다. 범죄에 대한 기여도에 따라 달리 취급되는 형사의 경우와는 달리[1] 민사적으로는 피해에 대한 책임을 공동으로 부담시켜 피해자에게 유리하도록 하고 있다. 피해자는 책임을 지는 자들 사이의 내부관계에는 구애받지 않고 누구에게나 전체 책임을 물을 수 있고, 이러한 청구에 대해 누구도 자신 이외에 또 다른 책임질 자가 있음을 이유로 항변하지 못한다. 이 경우를 여러 채무자가 공동하여 각자가 전부에 대해 책임지는 연대채무(민법 제413조)에 빗대어 **부진정연대채무**라고 한다.

우리 민법에서도 수인이 공동의 불법행위로 타인에게 손해를 가한 때에는 연대하여 그 손해를 배상할 책임이 있다고 규정한다(제760조 제1항). 미성년자가 고의 혹은 과실로 위법행위로 타인에게 손해를 끼쳐 책임을 질 때 그 감독자의 책임이 성립하는 경우, 타인을 사용하여 사무에 종사하게 한 사용자가 그 피용자의 불법행위책임와 함께 책임을 지는 경우에도 피해자에 대해 연대하여 책임을 지도록 한다. 이 경우에 해당하는 범주는 매우 넓다. 법에서도 공동 아닌 수인의 행위 중 어느 자의 행위가 그 손해를 가한 것인지를 알 수 없는 때에도 마찬가지로 보고(제2항),[2] 교사자나 방조자는 공동행위자로 본다(제3항).

공동불법행위에 있어서도 손해배상액을 산정함에 있어 피해자의 과실을 고려하여야 할 수 있는데, 대법원은 피해자의 과실비율이 공동불법행위자 각자에 대해 다르더라도 개별적으로 평가할 수 있는 것이 아니라 그들 전원에 대한 과실로 전체적으로 평가하여야 한다고 한다.[3]

---

1 정범, 교사범, 종범으로 나뉘고, 특히 타인의 범죄를 방조한 종범은 정범에 비해 형을 감경한다(형법 제32조 제2항).
2 특히 이 경우는 형사적으로 동시범이 문제되는 경우와 구별된다(형법 제19조).
3 대법원 1998. 6. 12. 선고 96다55631 판결.

부진정연대채무

부진정연대채무는 연대채무와 유사하지만 또 다르다.[4] 누구에게나 전체 책임을 물을 수 있고, 이러한 청구에 대해 각 책임자는 자신 이외에 또 다른 책임질 자가 있음을 이유로 항변하지 못한다는 것은 연대채무와 마찬가지이다. 그러나 일반적인 연대채무에서는 공동관계로 인해 서로가 서로에게 영향을 미치게 되는데, 예컨대 민법에 따르면 어느 연대채무자에 대한 채무면제는 그 채무자의 부담부분에 한하여 다른 연대채무자의 이익을 위하여 효력이 있다(제419조). 그 외에도 서로 간에 영향을 미치는 사유들이 법에 규정되어 있으며(제416조-제422조), 그 외의 경우는 영향을 미치지 않는다(제423조). 부진정연대채무에서는 공동관계가 없으므로 이러한 규정의 적용이 없다.[5] 다만 한 명이 피해자에게 전부를 배상하여 책임문제가 완료된 경우에는 다른 자들도 더 이상 책임을 지지 않는 것은 피해자가 이중으로 이득을 보지 않아야 한다는 점에서도 당연하다고 할 것이어서 그러한 한도에서는 영향이 있다고 할 것이다.

또 차이가 있는 부분은 바로 책임을 지는 자들 상호 간의 내부 구상관계이다. 공동관계가 없기에 원래는 구상관계도 문제되지 않아야 하겠지만, 법원은 1인이 자신의 책임비율을 넘어 피해자에게 배상한 경우에 나머지 다른 자들에게 책임비율에 따라 부담을 요구할 수 있도록 하고 있다.[6] 즉 원칙적으로 연대채무의 구상관계(민법 제425조~제427조)와 마찬가지의 관계가 인정되지만, 구상을 위한 통지 등은 적용되지 않는다.

---

4 채무자가 여러 명이 존재하는 연대채무에 대해서는 민법에서 수인의 채권 및 채무자에서 규정하고 있다(민법 제3편 채권/제1장 총칙/제3절).
5 결과적으로는 피해자는 훨씬 유리하게 된다.
6 대법원 1997. 12. 12. 선고 96다50896 판결.

좀 더 알아봅시다 6: 양대 책임체계론과 제3의 책임영역

-소위 양대(兩大) 책임체계-

법적인 측면에서의 잘못된 행위, 즉 위법행위를 바탕으로 한 민사책임은 '채무불이행책임'과 '불법행위책임'으로 양분된다. 그리고 공통적으로 손해배상청구가 그 구제책이며, 채무불이행책임의 효과로서 규정된 손해배상책임을 불법행위에서 준용하고 있다.[1]

이 두 가지 제도는 구제책으로 손해배상청구를 인정하는 것 외에도, 고의 혹은 과실을 필요로 하며, 위법행위나 채무의 불이행과 같은 잘못된 행위로 인한 손해를 배상하게 한다는 점에서 매우 유사한 구조를 가지고 있다. 다만 채무불이행 책임의 경우에는 고의나 과실에 대한 증명을 청구를 받는 상대방이 하여야 한다는 점에서 차이가 있고, 불법행위의 경우에는 피해자나 그 법정대리인이 그 손해 및 가해자를 안 날로부터 3년, 불법행위를 한 날로부터 10년이 지나면 소멸한다는 별도의 규정을 두고 있다(제766조). 채무불이행책임의 경우 대리인 등 이행보조자의 고의나 과실은 곧 채무자의 고의 과실로 본다는 점에서도 구별된다(민법 제391조).[2] 이러한 점에 미루어 채무불이행책임이 청구하는 입장에서 더 유리하다고 인식되는 편이다.

채무불이행이 곧 불법행위가 되지는 않지만, 동일한 행위로부터 채무불이행책임과 불법행위책임이 동시에 문제되는 경우가 있다.[3] 이 경우 어느 하나를 선택하여 주장할 수 있는 것이 아니라, 둘 다 주장하되 어느 하나에 의해 손해를 배상받으면 나머지 청구권은 소멸되는 식으로 운영되고 있다.[4]

-제3의 책임영역으로서의 계약체결상의 과실책임-

채무불이행과 불법행위 외에도 제3의 책임영역이 논의된 바 있다. '계약체결상의 과실(culpa in contrahendo)'이 대표적으로 이에 해당하며 우리 민법에서도 관련규정을 확인할 수 있다. 이에 따르면, 목적이 불능한 계약을 체결할 때에 그 불능을 알았거나 알 수 있었을 자는 상대방이, 그 불능을 알았거나 알 수 있었을 경우가 아닌 한, 그 계약의 유효를 믿었음으로 인하여 받은 손해를 배상하여야 하고, 그 배상액은 계약이 유효함으로 인하여 생길 이익액을 넘지 못한다고 한다(민법 제535조).

---

1 그 구조가 동일하다는 것일 뿐, 구체적 손해배상의 내용은 차이가 있을 수밖에 없을 것이다.
2 불법행위의 경우에는 타인을 사용하는 자는 피용자의 불법행위에 대해 사용자책임이 문제된다(민법 제756조).
3 주로 상대방에게 직접적인 피해가 발생하는 경우인데, 특히 불완전이행의 경우가 이에 해당될 수 있다. 이런 경우에는 채무불이행으로서의 손해가 불법행위로서의 손해와 그 내용이 일치하게 된다.
4 이를 '청구권경합'이라고 한다. 이에 반해 하나의 청구권(규범)이 나머지를 배제할 때를 '법조경합'이라고 하는데, 이는 흔히 일반규정과 특별규정의 관계에서 발견된다.

그러나 이는 채무불이행과 불법행위 모두에서 포괄적 규정을 두지 못했던 독일에서 그 규율의 공백을 메우기 위해 만들어진 이론으로, 채무불이행과 불법행위 모두에서 충분히 포괄적인 규정을 둔 우리법에서는 큰 의미를 가지기 어렵다.

그럼에도 명시적인 규정이 존재하기에, 그 내용 자체를 부정할 수는 없다. 비록 이 규정이 민법 제569조와 충돌되는 등 아예 문제가 없는 것은 아니지만, 그 규율내용은 전반적으로 타당하다. 다만 이는 불법행위제도에 의해서도 마찬가지의 결론에 이를 수 있는 바, 해당규정을 불법행위의 특칙 정도로 이해해도 되지 않을까 한다. 특히 이 경우에 문제되는 손해는 그 계약의 유효를 믿었음으로 인하여 받은 손해(신뢰이익)로 계약이 유효함으로 인하여 생길 이익(이행이익)과 구별되는데, 이러한 신뢰이익이야말로 불법행위의 경우에 인정될 수 있는 대표적인 손해라고 할 것이다.

이렇게 파악할 경우 우리의 책임체계는 채무불이행책임과 불법행위책임의 양대 책임으로 보아도 무방할 것이다. 기존에 계약체결상의 과실에서 논의되었던 책임들은 모두 불법행위책임으로 규율되면 족할 것인데,[5] 우리 법원 역시 계약체결과 관련된 경우에 불법행위로 규율하고 있는 것으로 보인다.[6]

---

[5] 아직 계약이 성립되기 전이므로, 계약을 진제로 한 새무불이행책임이 문제되지 않음은 당연하다. 다만 계약체결 전에도 일정한 채권관계가 성립된다면 이 경우에도 채무불이행책임이 문제될 것이고, 이것이 독일을 중심으로 논의되어 온 '계약체결상의 과실'의 핵심내용이다.

[6] 대표적으로 교섭과 흥정이 계약의 성립에 이르지 못한 경우를 '계약교섭의 부당파기'라고 하여 불법행위책임을 성립시키기도 한다(대법원 2003. 4. 11. 선고 2001다53059 판결 등).

민법 법조문 지도

제1편 총칙
    제1장 통칙
    제2장 인
    제3장 법인
    제4장 물건
    제5장 법률행위
        제1절 총칙
        제2절 의사표시
        제3절 대리
        제4절 무효와 취소
        제5절 조건과 기한
    제6장 기간
    제7장 소멸시효

제2편 물권
    제1장 총칙
    제2장 점유권
    제3장 소유권
    제4장 지상권
    제5장 지역권
    제6장 전세권
    제7장 유치권
    제8장 질권
    제9장 저당권

제3편 채권
    제1장 총칙
        제1절 채권의 목적
        제2절 채권의 효력
        제3절 수인의 채권자 및 채무자
        제4절 채권의 양도
        제5절 채무의 인수
        제6절 채권의 소멸
        제7절 지시채권
        제8절 무기명채권

    제2장 계약
        제1절 총칙
        제2절 증여
        제3절 매매
        제4절 교환
        제5절 소비대차
        제6절 사용대차
        제7절 임대차
        제8절 고용
        제9절 도급
        제9절의2 여행계약
        제10절 현상광고
        제11절 위임
        제12절 임치
        제13절 조합
        제14절 종신정기기금
        제15절 화해
    제3장 사무관리
    제4장 부당이득
    제5장 불법행위제

4편 친족
    제1장 총칙
    제2장 가족의 범위와 자의 성과 본
    제3장 혼인
    제4장 부모와 자
    제5장 후견
    제6장 삭제
    제7장 부양
    제8장 삭제

제5편 상속
    제1장 상속
    제2장 유언
    제3장 유류분

색인

ㄱ

가공 2202
가등기 2308
가압류 1009
가장매매 2317
가장행위 2317
가족법 1002
가처분 1009
간이인도 2308
간인 2304
간접강제 3101
간주 1007, 2105
갑구 2309
강박에 의한 의사표시 2319
강제경매 1009
강제이행 3101, 3102
강행규정 1004, 2312
거소 2105
거주지 2105
건물 2202
결과책임 3203
경매 1009, <2>
경정등기 2308
경제법 1004
계약 2103, 2301, 2303, 2304, 2305, 2306
계약자유의 원칙 2301 <4>
계약교섭의 부당파기 <6>
계약금 2311
계약명의신탁 2317
계약서 2304
계약위반 3101

계약인수 2305
계약체결상의 과실 <6>
계인 2304
고의 2102, 3101, 3201
공권 1001
공동불법행위 3205
공동소유 2202
공동신청주의 2308
공법 1004
공시 2302, 2308
공시송달 2314
공신의 원칙 2310
공유 2202
공익채권 <5>
공적 구제 1004
공탁 3107
공통의 착오 2318
과실 2102, 3101, 3201
과실상계 3106
과실책임의 원칙 3101, 3201, <4>
관습법 1005
구두계약 2304
구상 2305, 3205, <3>
구체적 타당성 2001
권리 1001
권리 위에 잠자는 자는 보호받지
    못한다 2501
권리남용금지의 원칙 2001
권리능력 2101
권리변동의 등기 2308
권리분석 <2>

권리의 충돌   3202
권리의무관계   1001
귀책사유   2102
규범적 해석   2315
규칙   1003
금반언의 원칙   2001
금전   2204
금전지급   2311
금전채무불이행   3101, 3102, 3106
급부   2201
급부부당이득   2320
급부위험   2306
급부장애   3101
기간   2401
기성조건   2321
기한   2321
기한의 이익   2321, 3102
긴급피난   3202

ㄴ

나이   2103, 2401
낙성계약   2304
낙찰   1009
내용상의 착오   2318
내용증명   2314
노동법   1004
노인   2104
누구도 자신이 가지지 않은 것을 타인에게
　　줄 수 없다   2307

ㄷ

단독행위   2103, 2301
단속규정   2312
담보권설정자   2306
담보권자   2306
담보물권   2302, 2306, <2>

담보제도   2306
담보책임   3105
답변서   1007
대가위험   2306
대금감액청구권   3105
대륙법계   1006
대리   2106
대리인   2106
대법관   1006
대법원   1006
대상청구권   3103
대세권   2302
대인권   2302
대체물   2203
대체적 분쟁해결제도   1008
대체집행   3101
대항요건주의   2308
동기   2316
동기의 착오   2318
동물   2101, 2201
동산   2202
동시이행의 항변   2306, 2307, 3102
등기   2302, 2308
등기부   2309
등기사항증명서   2309
등기우편   2314
등기의 추정력   2308

ㅁ

말소등기   2308
말소회복등기   2308
매장물 발견   2310
면제   2501
멸실등기   2308
멸실회복등기   2308
명령   1003

명의신탁 2317
모순행위금지의 원칙 2001
목적론적 해석 1006
목적물반환청구권의 양도 2308
무과실책임 3203
무권대리 2107
무권리자의 처분행위 2310
무기명채권 2302
무상계약 2303
무주물 선점 2310
무효 2320
무효등기의 유용 2308
무효행위의 전환 2320
무효행위의 추인 2320
문리해석 1006
물건 2201
물권 1001, 2302
물권법정주의 2302
물권적 청구권 2302
물권적 합의 2302
물권행위 2302, 2307
물상대위 2501
물상보증인 <2>
물적편성주의 2309
미성년자 2103
민사 1004
민사소송 1004, 1007

ㅂ

배당 1009, <2>
법령 1003
법률 1003
법률관계 1001
법률심 1006
법률우위원칙 1003
법률유보원칙 1003

법률행위 2103, 2301, 2312, 2313, 2314,
　2315
법률행위 자유의 원칙 2301, <4>
법률행위의 일부무효 2320
법률행위의 내용의 착오 2318
법원(source of law) 1005
법인(法人) 2101, 2102, 2103
법인 아닌 사단 2101
법인 아닌 재단 2101
법적 안정성 2001
법정과실 2205
법정대리 2106
법정지상권 2202, <3>
법정채권 2302, <3>
법정충당 2311
법정해제 3101
법조경합 <6>
변경등기 2308
변론기일 1007
변론주의 1007
변제 2307
변제의 충당 2311
변제자대위 2311
별제권 <5>
보전처분 1009
보존등기 2308
보증 2306
보충적 해석 2315
본권 <2>
본등기 2308
부관 2321
부기등기 2308
부당이득 2320
부대체물 2203
부동산 2202
부실등기 2310

부인권 3108, <5>
부재 2105
부진정연대채무 3205
부합 2202
불능 3103
불능조건 2321
불법조건 2321
불법행위 2301, 2319, 3201, <6>
불완전이행 3104
불확정기한 2321, 3102
비법인사단 2101
비법인재단 2101
비영리법인 2101
비용 3106
비진의의사표시 2317

ㅅ
사건 2301
사권 1001
사기에 의한 의사표시 2319
사단법인 2101
사람 2101
사법 1004
사실심 1006
사실인 관습 1005, 2315
사자 2106
사적 구제 1004
사적자치 <4>
사정변경의 원칙 2001
사체 2101, 2201
사회법 1004
상계 <5>
상대권 2302
상대방에 의해 유발된 착오 2318, 2319
상대적 무효 2320
상린관계 3202

상환이행 2306
선관주의 2203
선량한 관리자의 주의의무 2203
선량한 풍속 기타 사회질서 2312, 2313
선의 2301
선의취득 2310
성년 2103
성년후견 2104
성립요건주의 2308
소극적 손해 3106
소멸시효 2501
소송 1004
소액사건심판 1008
소유권 1001, 2302, <2>
소유권 절대의 원칙 1001, <4>
소장 1007
속인주의 1003
속지주의 1003
손익상계 3106
손해 3106
손해배상 3101, 3102, 3103, 3104, 3105,
    3106, 3201, 3204
손해배상액의 예정 2311, 3106
손해삼분설 3106
수인의 채권자 및 채무자 2305, 3205
수인한도 2319, 3202
승낙 2303
시기 2321
신뢰이익 3106, <6>
신분권 1001
신분행위 2302
신의성실의 원칙 2001
신의칙 2001
실종 2105
실질적 의미의 민법 1002
실체법 1007

실효의 원칙   2001
심부름꾼   2106
쌍무계약   2303
쌍무계약의 견련성   2306

ㅇ

악의   2301
압류   1009
약관   2304
약속   2305
약속은 지켜져야 한다   2305
약정채권   2302
약정해제   3101
연대보증   2306
연대채무   2305, 3205
영리법인   2101
영미법계   1006
오표시무해   2315
완결조항   2315
완전물급부청구권   3105
외관법리   2107
요물계약   2304
요식계약   2304
용익물권   2302, <2>
워크아웃   <5>
원고   1007
원시적 불능   3103
원시적 하자   3105
위법성   2319, 3101, 3202
위법성의 조각   3202
위법행위   2301
위약금   3106
위임장   2107
위자료   3106
위험부담   2306, 3103
유권대리   2107

유권해석   1006
유동적 무효   2313
유상계약   2303
유실물 습득   2310
유찰   1009
유추해석   1006
유치권   <3>
은닉행위   2317
을구   2309
의무   1001
의무부담행위   2307
의사능력   2102
의사의 흠결   2316
의사주의   2308, 2315
의사표시   2314, 2315, 2316, 2317, 2318,
　　　2319
이중매매   2313, 3108
이행   2307
이행거절   3104
이행기   2321, 3102
이행불능   3103, 3104
이행의 제공   2307
이행이익   3106, <6>
이행지체   3102, 3104
인(人)   2101
인감도장   2107
인격권   1001, 1002
인공지능(AI)   2101
인적편성주의   2309
인정사망   2105
일물일권주의   2302, <2>
일반법   1002
일실이익   3106
임의경매   1009
임의규정   1004
임의대리   2106

임차권 <2>
입찰 1009

ㅈ

자기재산과 동일한 주의 2203
자연적 해석 2315
잘못된 표시는 해가 되지 않는다 2315
재단법인 2101
재산권 1001
재산법 1002
적극적 손해 3106
전보배상 3102
전부명령 3108
전원합의체 판결 1006
전입신고 2105
전형계약 2303
절대권 2302
절대적 무효 2320
절차법 1007
점유 2302, 2308
점유개정 2308
점유권 <2>
정당방위 3202
정신적 손해 3106
정의 2001
정지조건 2321
제3자를 위한 계약 2305
제3자에 대한 변제 2311
제3자의 변제 2311
제3취득자 <2>
제척기간 2501
제한능력자 2104
제한물권 2302, <2>
소선 2321
조례 1003
조리 1005

조정 1008
종기 2321
종류물 2203
종물(종된 물건) 2205
주등기 2308
주물(주된 물건) 2205
주민등록 2105
주소 2105
준물권행위 2302, 2307
준법률행위 2103, 2301
준비서면 1007
준용 1002
준점유 <2>
중복등기 2309
중재 1008
증명책임 1007
증명책임의 완화 1007, 3203
증명책임의 전환 1007, 3203
지급명령 1008
지배권 1001
지시채권 2302
지연배상 3102
지정충당 2311
직접강제 3101
진의 2316
진의 아닌 의사표시 2317
집합건물 2202, 2309
집합물 2202
집행 1009
집행권원 1009
징벌적 손해배상 3204

ㅊ

차액설 3106
착오로 인한 의사표시 2318
채권 1001, 2302

채권압류 3108

채권의 물권화 <2>

채권의 양도 2305

채권자 2302

채권자대위권 3108

채권자지체 2307, 3107

채권자취소권 3108

채권행위 2302

채무 2302

채무명의 1009

채무불이행 2301, 3101, 3102, 3103, 3104, <6>

채무의 인수 2305

채무자 2302

채무자위험부담주의 2306

책임능력 2102

책임재산 1009, 3108

처분권주의 1007

처분문서 2304

처분행위 2307

천연과실 2205

첨부 2202

청구권 1001

청구권경합 <6>

청구원인 1007

청구원인에 대한 답변 1007

청구취지 1007

청구취지에 대한 답변 1007

청약 2303

청약의 유인 2303

청약철회 2305, 3101

체계적 해석 1006

총유 2202

추심명령 3108

추정 1007, 2105

취득시효 2501, <3>

취소 2320

ㅌ

태아 2101

토지 2202

통상손해 3106

통정한 허위의 의사표시 2317

통정허위표시 2317

통합도산법 <5>

특별법 1002

특별법 우선의 원칙 1002

특별손해 3106

특정물 2203

특정후견 2104

ㅍ

파산 <5>

판결 1006

판덱텐 1002

판례(법리) 1006

편무계약 2303

표시상의 착오 2318

표시주의 2315

표제부 2309

표준계약서 2304

표준약관 2304

표현대리 2107

피고 1007

피담보채권 <2>

ㅎ

하자 3105

하자있는 의사표시 2316

한정후견 2104

합성물 2202

합유 2202

합의 2303

합의해제 3101

항변권 1001

해약금(해제) 2311, 3101

해제 3101, 3102, 3103, 3105

해제조건 2321

행위 2103, 2301, 2302

행위능력 2103

행정 1004

행정소송 1004

행정심판 1004

헌법 1003

헌법합치적(합헌적) 법률해석 1006

현명주의 2106

현실매매 2302, 2307

현실인도 2308

형사 1004

형사소송 1004, 1007

형성권 1001

형식적 심사주의 2308

형식적 의미의 민법 1002

형식주의 2308

호의관계 1001

혼동 2501

혼화 2202

확정기한 2321, 3102

확정적 무효 2313

회생 <5>

회생담보권 <5>

회생채권 <5>

후견 2104

후발적 불능 3103

후발적 하자 3105

1부동산 1등기주의 2309

ADR 1008

culpa in contrahendo <6>

falsa demonstratio non nocet 2315

nemo dat quod non habet 2307

pacta sunt servanda 2305

vigilantibus et non dormientibus jura
    subveniunt 2501

* 좀 더 알아봅시다는 <1>~<6>으로 표기

저자 약력

정성헌(鄭晟憲)

약력
고려대학교 법과대학 및 동대학원 졸업(법학박사)
現 경남대학교 법학과 부교수

논문
"계약체결과 정보제공의무(고려대학교 박사학위논문)"
"신뢰이익에 대한 연구"
"민법 제535조를 위한 변명"
"착오에 대한 민법상 규율의 재구성"
"동기의 착오에 대한 새로운 규율시도"
"회생절차와 부동산점유취득시효에서의 등기명의변경"
"타인권리매매에 있어서의 손해배상" 외 다수

민법사용설명서
– 민법총칙의 구조를 중심으로 한 민법에의 수월한 접근 –

초판발행	2024년 10월 30일
지은이	정성헌
펴낸이	안종만·안상준
편 집	장유나
기획/마케팅	김민규
표지디자인	권아린
제 작	고철민·김원표
펴낸곳	㈜ **박영사**
	서울특별시 금천구 가산디지털2로 53, 210호(가산동, 한라시그마밸리)
	등록 1959.3.11. 제300-1959-1호(倫)
전 화	02)733-6771
f a x	02)736-4818
e-mail	pys@pybook.co.kr
homepage	www.pybook.co.kr
ISBN	979-11-303-4787-5 93360

정 가	17,000원